EN **2H**

COCINA VEGGIE

PARA TODA LA SEMANA

CAROLINE PESSIN

EN 2H

COCINA VEGGIE
PARA TODA LA SEMANA

30 RECETAS
CERO COMPLICACIONES
Y UN PRODUCTO DE TEMPORADA

FOTOGRAFÍAS DE CHARLY DESLANDES
TRADUCCIÓN DE PALMIRA FEIXAS

Prólogo

¡Me habéis reclamado tanto una versión vegetariana de *Cocina en 2 h para toda la semana* que aquí la tenéis! He preparado el libro a propósito para vosotros y es fruto de medio año largo de apasionado trabajo.

La verdad es que estos menús vegetarianos me convencen plenamente, tanto por razones de salud, como por motivos ecológicos, como por respeto a los animales. ¡Y también por su sabor!

Muchos lectores me han transmitido su deseo de no comer carne o pescado por la noche, porque ya comen suficiente a mediodía, porque están intentando reducir su consumo o incluso porque quieren dejar de tomar productos animales. ¿O quizá porque ya son vegetarianos? El caso es que esta versión *veggie* puede satisfacer a cualquier familia, sea aprendiz de vegetariana por un día o vegetariana desde hace tiempo.

Al igual que en mis dos libros anteriores, en este encontrarás dieciséis ideas de menús fáciles y deliciosos, así como su preparación paso a paso, que te llevará unas dos horas el fin de semana. Este método de *batch cooking* te guiará en todo el proceso, desde la lista de la compra hasta la manera de conservar mejor cada plato elaborado durante la sesión de cocina.

A partir de ahora siempre podrás contestar a la famosa pregunta de «¿Qué vamos a cenar hoy?». De lunes a viernes, ¡tendrás una comida o una cena lista en menos de un cuarto de hora! ¡Y con platos caseros!

¡Ojalá disfrutes cocinando durante el fin de semana y las noches de entre semana sean muy plácidas!

Introducción

¡Qué felicidad volver del trabajo y no tener que preocuparse por la cena o por la comida del día siguiente! ¡Qué liberador pasar tan poco tiempo en la cocina, sin ollas que fregar apenas, pero disfrutando de una comida rica y equilibrada!

Y es que todo el mundo ha sufrido el estrés de tener que cocinar. «¿Qué puedo preparar?» «¿Tengo todos los ingredientes necesarios?» «¿Cómo voy cocinar y, a la vez, ocuparme de los niños, los deberes, los baños…?»

Por eso tan a menudo acabamos sucumbiendo a lo fácil: preparar pasta con mantequilla, calentar algún plato precocinado industrial, pedir una pizza o *sushi*… ¡Algo no necesariamente sano ni barato!

Sin embargo, organizándose de manera distinta es posible aligerar la carga mental que supone preparar las comidas.

La idea es muy sencilla: dedica **dos horas** del fin de semana a pelar verduras, cortarlas, marinar y cocinar varios platos a la vez. Entre semana, antes de servir la comida, solo hará falta que la calientes, mezcles algunos ingredientes o cuezas algo rápido. ¡En un cuarto de hora tendrás la comida o la cena lista!

He elaborado **dieciséis menús vegetarianos**, clasificados por estación. Los menús están pensados para una familia de **cuatro personas**, en cantidades lo bastante generosas como para alimentar a dos adultos y dos adolescentes. Si tienes hijos menores o solo sois tres en casa, tendrás sobras para comer a mediodía en el trabajo o para la cena.

Cada menú consta de **siete recetas**: cinco platos principales y dos entrantes para acompañar los platos principales más ligeros. He decidido no proponer recetas de postres porque la mayoría de nosotros simplemente tomamos una pieza de fruta o un yogur.

Con este método, de lunes a viernes ya no tendrás que preocuparte por el menú ni hacer compras en el último momento; además, no pasarás ni un cuarto de hora en la cocina, ¡prometido!

Solo tienes que seguir estos pasos:

1 Elige un menú de temporada que te apetezca.

2 Haz las compras durante el fin de semana, como de costumbre (el viernes por la tarde, el sábado o el domingo). Los ingredientes de los menús son muy corrientes y se encuentran sin dificultad en cualquier gran superficie. Para algunos menús, quizá sea necesario comprar algo en el mercado o en una tienda de congelados.

3 Elige un día, sábado o domingo, en que tengas dos horas por delante. Es preferible cocinar el domingo, así toda la comida estará un día más fresca.

4 Coloca los ingredientes necesarios en la encimera o la mesa de la cocina. Con este truco ganarás tiempo, ya que no tendrás que interrumpir la sesión de cocina para buscar los ingredientes en la nevera o el armario.

5 Saca los utensilios que vas a necesitar. Así lo tendrás todo al alcance de la mano.

6 Déjate guiar por los pasos de la sesión de cocina, que se han diseñado según el tiempo real de preparación.

7 Conserva los platos y los ingredientes preparados siguiendo las indicaciones que figuran al final de la sesión. La ventaja de los menús vegetarianos es que a menudo no hace falta congelar nada.

Resultado: Entre semana, antes de servir la comida, solo tendrás que seguir las indicaciones para mezclar, recalentar o cocer algo en el último momento.

¿Por qué vegetariano?

En la actualidad, cada vez existe más conciencia en la sociedad de que el consumo medio de carne y pescado resulta excesivo. Sea por razones ecológicas, para preservar la biodiversidad marina, por respeto a los animales o por salud, todos deberíamos tratar de que nuestra alimentación fuera más vegetariana. Eso sí, cada cual es libre de hacerlo a su manera y a su ritmo. En este libro encontrarás ideas de menús que podrás preparar adaptándolos a tu gusto.

Por otra parte, las comidas de mediodía en el trabajo, en el comedor de la oficina o en un restaurante, suelen contener carne o pescado. Además, las cenas vegetarianas resultan más fáciles de digerir y, por tanto, permiten dormir mejor.

Nota: los lectores que no consuman productos lácteos o que sean veganos pueden sustituir la leche, la nata y otros productos animales por alternativas vegetales.

¿Cuáles son las ventajas de este método?

En primer lugar, la incuestionable serenidad que experimentarás las tardes entre semana. Olvídate de los quebraderos de cabeza para decidir qué preparar y de las compras a última hora.

En segundo lugar, un verdadero ahorro de tiempo, dado que no solo dedicarás menos tiempo a cocinar, sino también a fregar ollas o a ordenar la cocina.

Comidas variadas y equilibradas, con el buen sabor de lo casero, sin aditivos industriales.

Y, por último, un ahorro considerable en el presupuesto alimentario. Menos comida a domicilio y menos derroche, puesto que los menús se han elaborado de tal manera que todos los ingredientes que compres se utilicen a lo largo de la semana. ¡Cocina *zero waste*!

¿Cuáles son los inconvenientes de este método?

Pasarse dos horas cocinando cansa. Puede que te dé la impresión de haber perdido una parte del fin de semana, que ya de por sí se hace corto. Pero ya verás que merece la pena, porque te facilita mucho el día a día. Además, he intentado que las sesiones de cocina resulten lo más sencillas posibles: las recetas están explicadas paso a paso, en detalle, y las fotos te permitirán visualizar el resultado.

¿Qué material necesito para seguir este método?

Los menús están pensados para un hogar medio, que disponga de un horno en el que se puedan poner dos bandejas a la vez y un fogón con al menos tres fuegos. Durante la sesión de cocina, todo se prepara al mismo tiempo, lo que permite ahorrar tiempo y electricidad.

En cuanto a los utensilios de cocina y los tarros de conserva necesarios para elaborar los menús, véase la página 12.

Antes de lanzarte...
– Ordena el congelador. Quizá debas cocinar algunos alimentos que tenías congelados para ganar espacio.
– Antes de ir a comprar, ordena la nevera, tira la comida caducada o que tenga mal aspecto, limpia los estantes con vinagre blanco para eliminar los olores y las bacterias, y termina todas las sobras.

Te propongo un reto: prueba el método con un solo menú, así podrás constatar sus beneficios durante toda la semana. ¡Lo más probable es que quieras continuar y acabes siendo un adepto!

Nevera

Tiempo de conservación

1 semana
* lechuga lavada
* hierbas aromáticas lavadas
* verduras y *crudités* cortadas
* cebollas y ajos picados
* vinagretas

5 días
* huevos duros
* humus, *dhal* de lentejas, *falafel*
* legumbres cocidas en casa (lentejas, garbanzos, judías blancas, etc.)

Entre **3** y **4** días
* cereales hervidos (arroz, quinoa, etc.)
* verduras cocidas
* sopas, cremas, gazpachos
* gratinados, *crumbles*
* tortitas o hamburguesas vegetarianas

2 días
* quiches, tartas, hojaldres
* pesto
* tabulé

Consejos
* No prepares las patatas con antelación: crudas, se oxidan; si las guardas una vez cocidas, saben mal.
* En el caso de los cereales, si el tiempo de cocción es reducido (como el arroz, la pasta o la sémola), hiérvelos en el último momento, así tendrán mejor sabor y una textura óptima.
* Conserva los guisos y las sopas en la misma olla o cazuela, así podrás calentarlos directamente.
* Si congelas un plato casero, debes consumirlo en un plazo de dos meses, como máximo, para que la textura no se altere.

Material básico

Para cocinar

* 2 sartenes
* 1 cazuela
* 1 *wok*
* 3 ollas de distinto tamaño

Los utensilios de cocina necesarios para elaborar las recetas son muy básicos, no hace falta ninguno profesional. Te bastará con una ensaladera, cuencos, un colador fino, bandejas para el horno, bandejas para gratinar, un molde de pastel redondo, un escurridor de ensalada, una batidora de mano, un pasapurés, un pequeño robot de cocina, un pelador, un rallador y una espumadera.

Para conservar

La particularidad de este libro es que se conservan muchos alimentos y platos. Por tanto, tendrás que proveerte de tarros de conserva herméticos o fiambreras. Elígelos preferiblemente de cristal, que son más saludables que los de plástico y, además, pueden ponerse en el horno o el microondas. En Ikea, por ejemplo, encontrarás a precios muy asequibles.

Para los menús, vas a necesitar, como máximo:

* 1 o 2 fiambreras grandes para guardar la ensalada (de unos 3 l)
* 4 o 5 fiambreras grandes (de 1,5 l)
* 5 o 6 fiambreras medianas (de unos 75 cl)
* 4 fiambreras pequeñas (de unos 30 cl)
* 1 botella de cristal de un litro y medio para conservar las cremas, las sopas o los gazpachos (opcional, ya que también puedes guardarlos en otras fiambreras de la misma capacidad)

También deberías tener a mano papel film, papel de aluminio (o alternativas *zero waste*, como envoltorios de cera de abeja), papel de horno o vegetal, bolsas para congelar y papel de cocina.

Despensa básica

Estos ingredientes se utilizan en muchos de los menús, así que asegúrate de tener siempre en la despensa.

Cereales y legumbres:

* pasta
* polenta
* lentejas verdes
* lentejas rojas
* garbanzos en conserva
* judías blancas o rojas en conserva
* arroz blanco
* arroz integral o semiintegral
* sémola
* mijo o *bulgur*
* pan rallado
* harina de trigo

Condimentos:

* mostaza
* salsa de soja
* pimienta
* sal
* aceitunas
* leche de coco (de lata o congelada)
* aceite de oliva
* vinagre de vino
* vinagre balsámico
* pastillas de caldo de verduras

Frutos secos y oleaginosos:

* almendras, nueces, nueces pecanas, anacardos, piñones
* crema de almendras, crema de sésamo (*tahin*)
* semillas (de lino, de calabaza, de sésamo, de girasol)
* pasas

Especias básicas:

* hierbas provenzales, orégano, romero, canela, curri, comino, tomillo, *ras-el-hanut*, cúrcuma, *garam masala* o especias *tandoori*, nuez moscada, laurel, azafrán

Primavera

Menú #1

Lista de la compra Menú #1

Verduras / Fruta

* 1 manojo de rábanos muy fresco
* 1 kg de guisantes frescos
* 500 g de habas frescas
* 1 manojo de cebollas tiernas
* 4 puerros
* 1 pepino
* 2 kg de patatas
* 1 brócoli grande
* 1 limón
* 2 aguacates
* 1 bandeja de arándanos (opcional)
* 1 cogollo de lechuga (o 1 lechuga romana)
* 1 manojo de cilantro
* 2 cm de jengibre fresco (o de jengibre picado congelado)
* 3 dientes de ajo

Frescos

* 12 huevos
* 1 masa quebrada
* 1 queso fresco de cabra (200 g)
* 1 rulo de queso de cabra recubierto de ceniza (250 g)
* 50 cl de nata líquida
* 200 g de tofu ahumado (opcional)

Despensa básica

* aceite de oliva
* mostaza
* vinagre balsámico
* comino
* cúrcuma
* *garam masala*
* 1 rama de canela
* sal y pimienta

Varios

* 8 nueces pecanas
* 40 g de anacardos
* 250 g de arroz blanco
* 30 g de pasas
* 60 g de olivada
* 250 g de pasta de lentejas rojas

Lunes

Ensalada templada de patata con huevo duro y habas

Martes

Quiche de queso de cabra y brócoli

Miércoles

Entrante
Ensalada de guisantes con rábanos, pepino y aguacate

Plato principal
Pasta de lentejas rojas con puerros y tofu ahumado

Jueves

Arroz a la pakistaní con guisantes y anacardos

Viernes

Entrante
Crema de hojas de rábano

Plato principal
Pastel de patata con olivada y queso fresco de cabra

<u>Antes de empezar</u>

1) Si tienes suficiente espacio, saca todos los ingredientes que vas a utilizar en la sesión de cocina, menos los aguacates, los arándanos, el jengibre, 1 diente de ajo, el arroz, las pasas y la pasta de lentejas rojas. Así lo tendrás todo a mano y no perderás tiempo buscando los ingredientes en los armarios y la nevera.

2) Saca también todos los utensilios necesarios:
   * 1 cazuela grande
   * 1 olla grande
   * 1 olla pequeña
   * 1 sartén con tapa
   * 1 ensaladera
   * 1 prensador de ajos
   * 1 exprimidor de cítricos
   * 1 molde de pastel redondo
   * 1 espumadera
   * 1 batidora de mano o 1 robot de cocina
   * 1 molde de tarta
   * bolitas de cerámica para hornear (o legumbres crudas)
   * 1 escurridor de ensalada
   * 1 trapo limpio
   * 12 fiambreras: 1 muy grande (para la lechuga), 3 grandes (para el cilantro, las patatas y la crema), 4 medianas (para los guisantes, los rábanos, los dados de pepino y los huevos duros) y 4 pequeñas (para las habas, la vinagreta, los anacardos y las cebollas)
   * papel vegetal, papel de cocina y papel de aluminio

<u>¡A cocinar durante 2 horas y 15 minutos!</u>

1 <u>Lava el cilantro y la lechuga</u>. Sumerge el manojo de cilantro en abundante agua fría. Déjalo en remojo durante algunos minutos y, a continuación, sécalo bien con un trapo limpio. Guárdalo en una fiambrera hermética entre dos hojas de papel de cocina. Así, podrás conservarlo en la nevera durante 1 semana. Separa las hojas de la lechuga y lávalas bien. Sécalas igual que las de cilantro o con la ayuda de una ensaladera. Guarda la lechuga en una fiambrera hermética entre dos hojas de papel de cocina. Podrás conservarla en la nevera durante 1 semana.

2 <u>Precuece la masa quebrada</u>. Precalienta el horno a 190 °C (t. 6). Engrasa el molde de pastel.

Desenrolla la masa quebrada y disponla en el molde apretando bien los bordes y cortando la parte sobrante. Con un tenedor, pincha la base de la masa. Arruga el papel vegetal con el que estaba envuelta la masa, recubre la base de esta y coloca encima las bolitas de cerámica para hornear (o legumbres crudas). Precuece la masa sin rellenar durante 25 minutos en la parte de abajo del horno.

3 Las patatas. Pela todas las patatas y hiérvelas enteras con un poco de sal durante 30 minutos, más o menos.

4 El brócoli. Pon a hervir una olla grande de agua con sal. Corta el brócoli en ramilletes, parte los más grandes por la mitad o incluso en cuatro trozos, y sumérgelos en el agua hirviendo durante 8 minutos. A continuación, escúrrelo bien. Puedes guardar el tronco del brócoli y las partes más feas para la crema de hojas de rábano.

5 Los rábanos. Corta los rábanos a ras de las hojas. Sumerge las hojas en un escurridor de ensalada lleno de agua y lávalas varias veces para quitar toda la tierra. Corta los rábanos en láminas y guárdalos en una fiambrera hermética para añadirlos a las ensaladas.

6 Las cebollas tiernas. Corta la parte verde de las cebollas tiernas, lávala en un escurridor de ensalada, trocéala un poco y resérvala para la crema. Quita las raíces y la primera capa de las cebollas y guárdalas enteras en una fiambrera hermética.

7 Los puerros. Corta la parte verde de los puerros y lávala bien. Trocea un poco la parte verde y resérvala para la crema. Quita las raíces y corta en rodajas la parte blanca. Resérvala.

8 <u>El relleno de la quiche y del pastel de patata</u>. En una ensaladera, casca 8 huevos y vierte 45 cl de nata líquida. Pela y prensa 2 dientes de ajo; añádelos. Salpiméntalo y mézclalo bien.

9 <u>La quiche de queso de cabra y brócoli</u>. Corta en rodajas el queso de cabra recubierto de ceniza. Coloca los ramilletes de brócoli encima de la masa de tarta precocida, añade las rodajas de queso y vierte ⅔ de la mezcla con huevos. Decóralo con las 8 nueces pecanas. Hornéalo durante 40 minutos en la parte de abajo del horno.

10 <u>El pastel de patata</u>. Corta en rodajas las patatas hervidas. Con un tenedor, aplasta ¾ partes del queso fresco de cabra (envuelve el resto y guárdalo en la nevera) y añádelo a la mezcla con los huevos. Engrasa el molde de pastel y recúbrelo con papel vegetal. Llena medio molde con la mitad de las rodajas de patata y, a continuación, extiende la olivada. Pon más patatas hasta que quede ¼ del molde libre. Añade el resto de la mezcla con huevos. Tapa el molde con papel de aluminio y hornéalo durante 35 minutos en la parte de arriba del horno. Quita el papel de aluminio y alarga la cocción durante 20 minutos más.

11 <u>La crema de hojas de rábano</u>. En una olla, pon a hervir 1 l de agua con sal. Añade la parte más oscura de los puerros y de las cebollas tiernas (y, si quieres, las partes más feas del brócoli). Cuécelo durante 10 minutos. A continuación, añade las hojas de los rábanos y el tallo del cilantro. Alarga la cocción durante 5 minutos más. Tritúralo con una batidora de mano o un robot de cocina. Añade 5 cl de nata líquida y un puñado de rodajas de patatas hervidas; acaba de triturarlo. Viértelo en una fiambrera que se pueda

poner en el congelador, sin llenarla del todo. Guarda el resto de la patata hervida en una fiambrera hermética.

12 Las habas y los guisantes. Pela las habas y los guisantes. Pon a hervir una olla grande de agua con sal y cuece las habas durante 10 minutos. Con una espumadera, sácalas de la olla y ponlas debajo del grifo de agua fría. Echa los guisantes en la olla y hiérvelos durante 5 minutos, escúrrelos y pásalos por agua fría. Guarda las verduras en dos fiambreras distintas.

13 Los puerros salteados con tofu ahumado. Corta el tofu en daditos. En una sartén o una cazuela, calienta 2 cucharadas soperas de aceite de oliva. Dora el tofu durante 5 minutos y añade la parte blanca de los puerros en juliana. Cuécelo a fuego medio, con la tapa puesta, durante 20 minutos.

14 Los huevos duros. Pon a hervir una olla pequeña de agua con sal para cocer los 4 huevos restantes durante 10 minutos.

15 Los anacardos tostados. Cuando tengas el horno libre, pon los anacardos en una bandeja y tuéstalos durante 10 minutos. Deja que se enfríen y guárdalos en una fiambrera pequeña.

16 Los dados de pepino. Pela el pepino, córtalo en daditos y guárdalo en una fiambrera hermética.

17 La vinagreta. Exprime el limón. En una pequeña fiambrera hermética, mezcla 1 cucharada sopera de mostaza, 1 cucharadita de sal, un poco de pimienta y el zumo de limón. Añádele, poco a poco, 8 cucharadas soperas de aceite de oliva y 2 cucharadas soperas de agua.

¡Todo listo! Deja que se enfríe.

Guarda en la nevera
* las rodajas de patatas hervidas restantes (se conservan entre 1 y 2 días);
* los rábanos laminados (se conservan durante 5 días);
* las habas hervidas (se conservan durante 4 días);
* los huevos duros (se conservan durante 5 días);
* los dados de pepino (se conservan durante 5 días);
* la quiche de queso de cabra y brócoli, tapada con papel de aluminio (se conserva durante 2 días);
* los guisantes hervidos (se conservan durante 4 días);
* las cebollas tiernas (se conservan durante 1 semana);
* el cilantro lavado (se conserva durante 1 semana);
* la lechuga lavada (se conserva durante 1 semana);
* la vinagreta (se conserva durante 1 semana);
* los puerros salteados con tofu ahumado, en la misma sartén (o cazuela), con la tapa puesta (se conserva durante 4 días).

Guarda en el congelador
* la crema de hojas de rábano;
* el pastel de patata, en el mismo molde, tapado con papel de aluminio.

Deja fuera
* los anacardos tostados.

Lunes

Ensalada templada de patata con huevo duro y habas

Tiempo de preparación:
15 minutos

Ingredientes: las rodajas de patatas hervidas, las habas hervidas, 2 cebollas tiernas, 1 aguacate maduro, los 4 huevos duros, ¼ de los rábanos laminados, ¼ de los daditos de pepino, 4 hojas de lechuga, la mitad del cilantro, la mitad de la vinagreta, 1 cucharadita de comino, vinagre balsámico, sal y pimienta
Corta en juliana las 2 cebollas tiernas. Espárcelas por encima de las patatas y caliéntalo en el microondas. Pica las hojas de lechuga y el cilantro. Quita la piel de las habas apretándolas entre los dedos. Corta el aguacate en dados. En una ensaladera, mezcla todos estos ingredientes con las patatas recalentadas, los rábanos, los dados de pepino, el comino, 1 cucharadita de sal, un poco de pimienta, 1 chorrito
de vinagre balsámico y la mitad de la vinagreta de limón. Pela los huevos, córtalos por la mitad y repártelos entre los platos.

Tiempo de recalentamiento:
15 minutos

Martes

Quiche de queso de cabra y brócoli

Ingredientes: la quiche de queso de cabra y brócoli, la lechuga restante y la mitad de la vinagreta restante
Calienta la quiche durante 15 minutos en el horno a 180 °C (t. 6). Sírvela acompañada de la lechuga aderezada con la vinagreta.

Miércoles

Entrante
Ensalada de guisantes con rábanos, pepino y aguacate

Plato principal
Pasta de lentejas rojas con puerros y tofu ahumado

Tiempo de preparación:
10 minutos
Tiempo de cocción y de recalentamiento:
10 minutos

Ingredientes: la mitad de los guisantes hervidos, los rábanos laminados restantes, los daditos de pepino restantes, los arándanos, 1 aguacate maduro, el queso fresco de cabra restante, la mitad del cilantro restante y la vinagreta restante; los puerros salteados con tofu ahumado, el paquete de pasta de lentejas rojas y pimienta negra
Entrante: Corta el aguacate en daditos. Desmiga el queso de cabra. Pica el cilantro. Échalo todo en una ensaladera y añade los guisantes, los arándanos, los rábanos laminados, los daditos de pepino y la vinagreta. Mézclalo bien.
Ya puedes servirlo.
Plato principal: Pon a hervir una olla de agua con sal y cuece la pasta durante 1 minuto menos de lo que indique el paquete. Mientras tanto, calienta la sartén (o la cazuela) con los puerros salteados con tofu ahumado. Añádele la pasta escurrida, déjalo todo en el fuego durante 1 minuto más, removiendo bien, y sazónalo con pimienta negra. Ya puedes servirlo.

Jueves

**Arroz a la pakistaní
con guisantes
y anacardos**

Tiempo de preparación:
3 minutos
Tiempo de cocción:
15 minutos

Ingredientes: 250 g de arroz blanco, las cebollas tiernas restantes, los guisantes restantes, 1 diente de ajo, 2 cm de jengibre, cúrcuma, *garam masala*, 1 rama de canela, 30 g de pasas, el cilantro restante, los anacardos tostados y 2 cucharadas soperas de aceite de oliva

Corta la cebolla tierna en juliana. Pela y pica el ajo y el jengibre. En un *wok*, calienta el aceite de oliva. Añade la cebolla, el ajo, el jengibre y todas las especias. Póchalo durante 2 minutos. Añade las pasas y el arroz. Vierte 75 cl de agua hirviendo y cuécelo durante 15 minutos, añadiendo los guisantes hervidos 1 minuto antes de que termine la cocción. Espolvoréalo con cilantro picado y anacardos tostados.

Para el viernes, saca del congelador la crema de hojas de rábano y el pastel de patata y déjalo en la nevera.

Tiempo de recalentamiento:
15 minutos

Viernes

**Entrante
Crema de hojas
de rábano**

**Plato principal
Pastel de patata
con olivada y queso
fresco de cabra**

Ingredientes: la crema de hojas de rábano y el pastel de patata con olivada y queso fresco de cabra

Entrante: En una olla, calienta la crema de hojas de rábano a fuego suave durante 10 minutos.

Plato principal: Calienta el pastel de patata en el horno a 180 °C (t. 6) durante 15 minutos. Desmóldalo, córtalo en porciones y sírvelo.

Estas indicaciones son las ideales si has preparado el menú para cenar en casa. Pero si has cocinado para comer al día siguiente en el trabajo, en general bastará con que ultimes la preparación la noche antes y calientes la comida en el microondas de la oficina.

Menú #2

Lista de la compra Menú #2

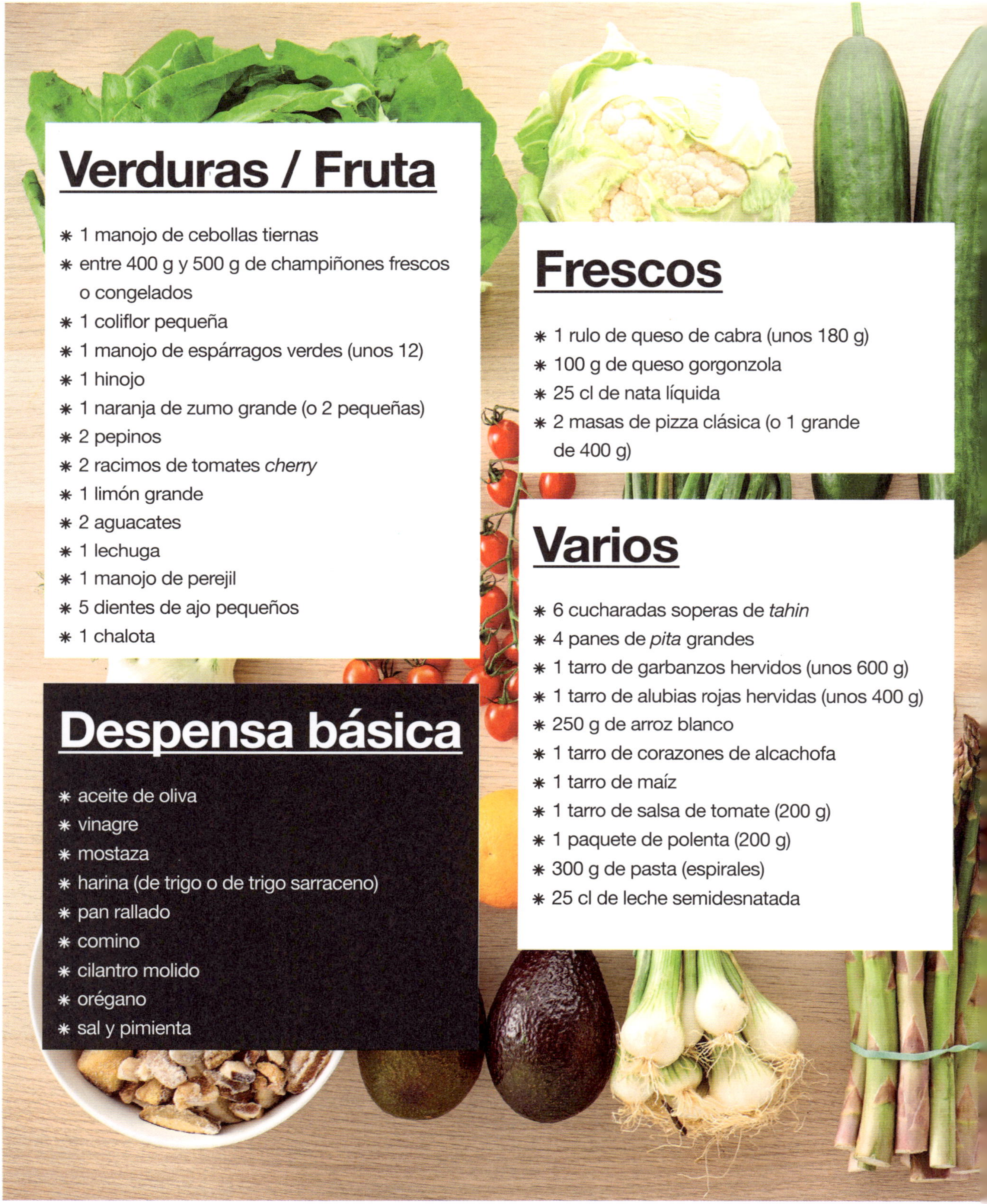

Verduras / Fruta

- 1 manojo de cebollas tiernas
- entre 400 g y 500 g de champiñones frescos o congelados
- 1 coliflor pequeña
- 1 manojo de espárragos verdes (unos 12)
- 1 hinojo
- 1 naranja de zumo grande (o 2 pequeñas)
- 2 pepinos
- 2 racimos de tomates *cherry*
- 1 limón grande
- 2 aguacates
- 1 lechuga
- 1 manojo de perejil
- 5 dientes de ajo pequeños
- 1 chalota

Despensa básica

- aceite de oliva
- vinagre
- mostaza
- harina (de trigo o de trigo sarraceno)
- pan rallado
- comino
- cilantro molido
- orégano
- sal y pimienta

Frescos

- 1 rulo de queso de cabra (unos 180 g)
- 100 g de queso gorgonzola
- 25 cl de nata líquida
- 2 masas de pizza clásica (o 1 grande de 400 g)

Varios

- 6 cucharadas soperas de *tahin*
- 4 panes de *pita* grandes
- 1 tarro de garbanzos hervidos (unos 600 g)
- 1 tarro de alubias rojas hervidas (unos 400 g)
- 250 g de arroz blanco
- 1 tarro de corazones de alcachofa
- 1 tarro de maíz
- 1 tarro de salsa de tomate (200 g)
- 1 paquete de polenta (200 g)
- 300 g de pasta (espirales)
- 25 cl de leche semidesnatada

Lunes

Entrante
Ensalada de hinojo marinado, lechuga y aguacate

Plato principal
Pasta con espárragos verdes y salsa gorgonzola

Martes

Falafel con pan de *pita*, lechuga y *crudités*

Miércoles

Ensalada de arroz con garbanzos, alcachofas y maíz

Jueves

Pizza primavera

Viernes

Entrante
Humus de alubias rojas

Plato principal
Crema de polenta con coliflor y champiñones

Antes de empezar

1) Si tienes suficiente espacio, saca todos los ingredientes que vas a utilizar en la sesión de cocina, menos los aguacates, los tomates *cherry*, los champiñones, 1 diente de ajo, todos los «productos frescos», el maíz, los corazones de alcachofa, la salsa de tomate, la pasta y la polenta. Así lo tendrás todo a mano y no perderás tiempo buscando los ingredientes en los armarios y la nevera.

2) Saca también todos los utensilios necesarios:
   * 1 olla
   * 1 sartén grande
   * 1 batidora de mano
   * 1 robot de cocina
   * 1 robot para cortar en láminas o 1 mandolina
   * 1 exprimidor de cítricos
   * 1 prensador de ajos
   * 1 escurridor de ensalada
   * 1 trapo limpio
   * 13 fiambreras: 1 muy grande (para la lechuga), 4 grandes (para el perejil, el *falafel*, el arroz hervido y la crema de coliflor), 5 medianas (para las rodajas de pepino, los bastoncitos de pepino, el hinojo marinado, los espárragos y las cebollas), 2 pequeñas (para la vinagreta y la salsa de *tahin*) y un cuenco bonito (para el humus)
   * papel de cocina y papel film

¡A cocinar durante 1 hora y 40 minutos!

1 Lava el perejil y la lechuga. Sumerge el manojo de perejil en abundante agua fría. Déjalo en remojo durante algunos minutos y, a continuación, sécalo bien con un trapo limpio. Separa una ramita y guarda el resto en una fiambrera hermética entre dos hojas de papel de cocina. Así, podrás conservar el perejil en la nevera durante 1 semana. Separa las hojas de la lechuga y lávala bien. Escúrrela igual que el perejil o con un escurridor de ensalada. Guarda la lechuga en una fiambrera hermética entre dos hojas de papel de cocina. Así, podrás conservarla en la nevera durante 1 semana.

2 Cuece el arroz. Lava el arroz tres veces y hiérvelo siguiendo las indicaciones del paquete.

3 El hinojo marinado. Corta el hinojo en láminas muy finas con un robot de cocina o una mandolina; a continuación, guárdalo en una fiambrera mediana. Exprime la naranja y vierte el zumo encima del hinojo. Añade 2 cucharadas soperas de aceite de oliva, 1 cucharadita de sal y un poco de pimienta. Mézclalo bien y deja que se marine en la nevera.

4 La salsa de *tahin*. Exprime el limón. Prensa 1 diente de ajo. En el vaso de la batidora de mano o del robot de cocina, mezcla 6 cucharadas soperas de *tahin*, el zumo de limón, el ajo prensado, 1 cucharadita de sal y un poco de pimienta. Vierte

la mitad de esta mezcla en una pequeña fiambrera hermética y añádele 3 cucharadas soperas de agua caliente. Tritúralo bien y guárdalo en la nevera. No hace falta que laves el vaso de la batidora de mano para las dos recetas siguientes.

5 El humus de alubias rojas. Lava las alubias rojas. Viértelas en el vaso de la batidora de mano con la mitad de la mezcla de *tahin* con zumo de limón, 1 diente de ajo, ½ cucharadita de sal, ½ cucharadita de comino, 2 cucharadas soperas de aceite de oliva y 2 cucharadas soperas de agua. Salpimiéntalo. Tritúralo bien hasta que la textura sea uniforme (si es necesario, añade más agua). Vuelca el humus en un cuenco bonito para servir, tápalo con papel film y guárdalo en la nevera.

6 Los *falafel*. En el vaso de la batidora de mano que has utilizado para el humus de alubias rojas (no hace falta que lo laves), pon 150 g de garbanzos escurridos (guarda el resto en la nevera para la ensalada del miércoles), 2 dientes de ajo, la ramita de perejil que habías separado, 1 cucharadita de sal, 1 cucharadita de comino, ½ cucharadita de cilantro molido, 1 chalota y la mezcla de *tahin* con zumo de limón restante. Tritúralo durante unos segundos. A continuación, añade 50 g de harina (la que prefieras, de trigo sarraceno, por ejemplo) y 150 g de arroz hervido. Tritúralo un momento. Forma unas bolitas planas y recúbrelas con pan rallado. En una sartén, calienta 1 buen chorro de aceite de oliva y dora los *falafel* durante 4 minutos por cada lado.

7 La crema de coliflor. Pon a hervir una olla de agua con sal. Mientras tanto, corta la coliflor en ramilletes. Cuécela durante 15 minutos. Escúrrela y, con una batidora de mano o un robot de cocina, tritúrala con los 25 cl de leche semidesnatada. Salpimiéntalo.

8 Los pepinos. Pela los 2 pepinos. Corta 1 en bastoncitos (para el humus) y el otro en rodajas finas partidas por la mitad. Guárdalo en dos fiambreras distintas.

9 El manojo de cebolla tierna. Quita los tallos y las raíces de las cebollas tiernas, así como la primera capa. Guarda los bulbos en una fiambrera hermética.

10 <u>Los espárragos verdes</u>. Pon a hervir una olla de agua con sal. Mientras tanto, pela los espárragos y corta el extremo duro del tallo. Córtalos en 4 trozos. Hiérvelos durante 5 minutos y, a continuación, ponlos debajo del grifo de agua fría para que conserven el color verde.

11 <u>La vinagreta</u>. En una pequeña fiambrera hermética, mezcla 1 cucharada sopera de mostaza, 1 cucharadita de sal, 1 pellizco de pimienta negra y 4 cucharadas soperas de vinagre. A continuación, añade 8 cucharadas soperas de aceite de oliva y 4 cucharadas soperas de agua. Mézclalo bien.

¡Todo listo! Deja que se enfríe.

Guarda en la nevera
* el hinojo marinado (se conserva durante 4 días);
* los *falafel* (se conservan durante 4 días);
* los espárragos verdes hervidos (se conservan durante 4 días);
* el arroz hervido restante (se conserva durante 3 días);
* las rodajas de pepino (se conservan durante 5 días);
* los bastoncitos de pepino (se conservan durante 5 días);
* los bulbos de cebolla tierna (se conservan durante 1 semana);
* el humus de alubias rojas (se conserva durante 5 días);
* el perejil lavado (se conserva durante 1 semana);
* la lechuga lavada (se conserva durante 1 semana);
* la salsa de *tahin* (se conserva durante 4 días);
* la vinagreta (se conserva durante 1 semana).

Guarda en el congelador
* la crema de coliflor.

Lunes

Entrante
Ensalada de hinojo marinado, lechuga y aguacate

Plato principal
Pasta con espárragos verdes y salsa gorgonzola

Tiempo de preparación:
5 minutos
Tiempo de cocción:
15 minutos

Ingredientes: casi todo el hinojo marinado, 1 aguacate, ¼ de la lechuga, ¼ de las rodajas de pepino cortadas por la mitad, 10 ramitas de perejil y 1 cebolla tierna; 300 g de pasta (espirales), ¾ de los espárragos cocidos, 25 cl de nata líquida, 100 g de queso gorgonzola, sal y pimienta

Entrante: Corta en juliana las hojas de lechuga, la cebolla y las ramitas de perejil. Corta el aguacate en daditos. Mezcla todos los ingredientes con el pepino y el hinojo marinado. Salpiméntalo. ¡Ya puedes servir la ensalada!
Guarda un poco de hinojo en juliana para la pizza del jueves (opcional).

Plato principal: Hierve la pasta siguiendo las indicaciones del paquete, añadiendo los espárragos a la olla 2 minutos antes del final de la cocción. Mientras tanto, corta el queso gorgonzola en daditos y échalo en una olla pequeña con la nata líquida, ½ cucharadita de sal y un poco de pimienta. Cuécelo a fuego suave hasta que se derrita el queso. Sirve esta salsa encima de la pasta y los espárragos escurridos.

Tiempo de preparación:
8 minutos
Tiempo de recalentamiento:
5 minutos

Martes

Falafel con pan de pita, lechuga y crudités

Ingredientes: 4 panes de *pita*, los *falafel*, 8 hojas de lechuga, 4 tomates *cherry*, el pepino en rodajas restante, 1 cebolla tierna y la salsa de *tahin*
Calienta los *falafel* en una sartén o en el microondas. Corta los tomates en rodajas y la cebolla tierna en juliana. Calienta los panes de *pita* en la tostadora y, a continuación, córtalos por la mitad. Rellena cada medio pan de *pita* con una hoja de lechuga, varios *falafel*, pepino, rodajas de tomate y cebolla tierna en juliana; aderézalo con salsa de *tahin*.

Miércoles

Ensalada de arroz con garbanzos, alcachofas y maíz

Tiempo de preparación:
10 minutos

Ingredientes: el arroz hervido, los garbanzos restantes, la mitad del tarro de corazones de alcachofa, 1 tarro de maíz, 1 cebolla tierna, ½ rama de tomates *cherry*, 1 aguacate, 10 ramitas de perejil y $2/3$ de la vinagreta
Corta los corazones de alcachofa por la mitad, corta los tomates *cherry* en cuatro trozos, corta el aguacate en daditos, corta la cebolla tierna y el perejil en juliana. Mezcla bien todos los ingredientes de la ensalada. ¡Ya puedes servirla!

Jueves

Pizza primavera

Tiempo de preparación:
5 minutos
Tiempo de cocción:
10 minutos

Ingredientes: 2 masas de pizza (o 1 grande), 200 g de salsa de tomate, 1 rulo de queso de cabra, los tomates *cherry* restantes, los espárragos restantes, el hinojo marinado restante, las cebollas tiernas restantes, los corazones de alcachofa restantes, orégano seco, la lechuga restante y la vinagreta restante

Precalienta el horno a 210 °C (t. 7). Extiende las masas de pizza y recúbrelas con salsa de tomate, dejando 2 cm libres en los bordes. Corta en rodajas el rulo de queso de cabra y repártelas por la masa. Corta los tomates *cherry* por la mitad. Espárcelos por la masa, junto con las otras verduras. Espolvorea las pizzas con orégano y hornéalas durante 10 minutos. Sirve las pizzas acompañadas de la lechuga aderezada con la vinagreta.

Para el viernes, saca del congelador la crema de coliflor y déjala en la nevera.

Tiempo de preparación:
5 minutos
Tiempo de cocción:
5 minutos

Viernes

Entrante
Humus de alubias rojas

Plato principal
Crema de polenta con coliflor y champiñones

Ingredientes: el humus de alubias rojas, los bastoncitos de pepino y 1 ramita de perejil; 1 paquete de polenta (200 g), la crema de coliflor descongelada, los champiñones frescos o congelados, 1 diente de ajo, el perejil restante, aceite de oliva, sal y pimienta

Entrante: Sirve el humus de alubias rojas espolvoreado con perejil picado, junto con los bastoncitos de pepino.

Plato principal: Pela y pica 1 diente de ajo. En una sartén, calienta 1 cucharada sopera de aceite de oliva y sofríe los champiñones durante 5 minutos con el perejil y el ajo picados. Mientras tanto, pon a hervir 1,5 l de agua con sal; cuando borbotee, vierte la crema de coliflor y mézclalo bien. A continuación, echa la polenta poco a poco, remuévelo a fuego muy suave durante 3 minutos y sírvelo de inmediato en cuencos. Decóralo con los champiñones, salpiméntalo y sírvelo enseguida, antes de que la polenta cuaje y deje de ser cremosa.

Estas indicaciones son las ideales si has preparado el menú para cenar en casa. Pero si has cocinado para comer al día siguiente en el trabajo, en general bastará con que ultimes la preparación la noche antes y calientes la comida en el microondas de la oficina.

Menú #3

Verduras / Fruta

* 8 espárragos blancos
* 1 bandejita de fresas
* 1 paquete de espinacas congeladas (entre 750 g y 1 kg)
* 500 g de corazones de alcachofa congelados
* 1 kg de guisantes frescos
* 1 manojo de cebollas tiernas
* 1 rama de apio
* 4 calabacines
* 5 zanahorias
* 1 aguacate (para el jueves)
* 3 limones (1 de ellos ecológico)
* 1 lechuga hoja de roble
* 1 manojo de albahaca
* 1 manojo de cilantro
* 6 dientes de ajo

Frescos

* 12 huevos
* 1 masa quebrada
* 50 cl de nata líquida
* 1 *burrata* (o *mozzarella*) muy fresca
* 1 paquete pequeño de queso *feta* (unos 150 g)
* 1 bolsita de parmesano rallado (50 g o 60 g)
* 1 rulo de queso de cabra (unos 180 g)
* 1 queso de cabra fresco (200 g)
* 200 g de queso *mimolette*

Despensa básica

* aceite de oliva
* mostaza
* 2 pastillas de caldo de verduras
* tomillo, romero o ajedrea
* 1 monodosis de azafrán (opcional)
* comino y/o cilantro molido
* sal y pimienta

Varios

* 250 g de quinoa blanca
* 250 g de arroz para *risotto*
* 200 g de sémola para cuscús
* 1 pan de molde cortado en rebanadas
* 30 g de olivada
* 50 g de caviar de tomates secos
* 20 g de pipas de calabaza

Lunes

Entrante
Espárragos blancos, fresas y *burrata* con albahaca

Plato principal
Tajín de alcachofas y guisantes

Martes

Quiche de espinacas con queso de cabra

Miércoles

Entrante
Zanahoria rallada con queso *mimolette* y pipas de calabaza

Plato principal
Sopa minestrone de arroz con calabacín

Jueves

Ensalada templada de quinoa con guisantes y huevos pasados por agua

Viernes

Pastel de calabacín, queso de cabra y olivada

Preparación Menú #3

Antes de empezar

1) Si tienes suficiente espacio, saca todos los ingredientes que vas a utilizar en la sesión de cocina, menos las fresas, el aguacate, el limón ecológico, 1 diente de ajo, la *burrata*, el parmesano, la *feta*, 4 huevos, la sémola para cuscús y las pipas de calabaza. Así lo tendrás todo a mano y no perderás tiempo buscando los ingredientes en los armarios y la nevera.

2) Saca también todos los utensilios necesarios:
   * 1 sartén o 1 tajín
   * 1 olla grande
   * 1 olla mediana
   * 1 colador fino (para la quinoa)
   * 1 rallador o 1 robot de cocina para rallar las zanahorias y el queso *mimolette*
   * 1 sartén grande
   * 1 cuenco grande
   * 1 prensador de ajos
   * 1 exprimidor de cítricos
   * 1 molde de tarta
   * bolitas de cerámica para hornear (o legumbres crudas)
   * 1 bandeja para el horno
   * 1 molde de bizcocho rectangular
   * 1 escurridor de ensalada
   * 1 trapo limpio

* 11 fiambreras: 1 muy grande (para la lechuga), 2 grandes (para las hierbas aromáticas y el arroz), 4 medianas (para los espárragos, las zanahorias ralladas, la quinoa y los calabacines) y 4 pequeñas (para el queso *mimolette* rallado, la vinagreta, los bulbos de cebolla y la parte verde de la cebolla)
* papel de cocina, papel vegetal y papel de aluminio

¡A cocinar durante 2 horas y 10 minutos!

1 Lava el cilantro, la albahaca y la lechuga. Sumerge los manojos de hierbas aromáticas en abundante agua fría. Déjalos en remojo durante algunos minutos y sécalos muy bien con un trapo limpio. Guárdalos en una fiambrera hermética entre papel de cocina. Así, podrás conservarlos en la nevera durante 1 semana. Separa las hojas de la lechuga y lávalas bien. Escúrrelas con un escurridor de ensalada o con un trapo limpio. Guárdalas en una fiambrera muy grande, entre hojas de papel de cocina. Así, podrás conservarlas en la nevera durante 1 semana.

2 Precuece la masa quebrada. Precalienta el horno a 190 °C (t. 6). Engrasa el molde de pastel. Desenrolla la masa quebrada y disponla en el molde apretando bien los bordes y cortando la parte sobrante. Con un tenedor, pincha la base de la masa. Arruga el papel vegetal con el que estaba envuelta la masa, recubre la base de esta y coloca encima las bolitas de cerámica para hornear (o legumbres crudas). Precuece la masa sin rellenar durante 25 minutos en la parte de abajo del horno.

3 Las cebollas tiernas. Quita los extremos de las cebollas. Corta la parte verde en juliana. Guárdala en una fiambrera hermética. Corta en juliana la parte blanca de 4 cebollas, resérvalas, y guarda los bulbos restantes en una pequeña fiambrera hermética (para las ensaladas).

4 Cuece las espinacas. Pela y exprime 2 dientes de ajo. En una sartén grande, calienta 2 cucharadas soperas de aceite de oliva, añade la mitad de la cebolla cortada en juliana y los 2 dientes de ajo prensados, así como una cucharadita de sal. Póchalo durante 3 minutos. A continuación, echa las espinacas congeladas y cuécelo durante 20 minutos a fuego vivo, sin poner la tapa, hasta que el agua se haya evaporado por completo.

5 La mezcla para la quiche de espinacas y el pastel de calabacín. En un cuenco grande, casca 8 huevos y vierte los 50 cl de nata líquida. Pela y prensa 2 dientes de ajo y añádelos. Salpimiéntalo a tu gusto y mézclalo bien.

6 El queso *mimolette*. Corta la corteza del queso y rállalo. Guarda la mitad en una pequeña fiambrera hermética. Reserva el resto para preparar el pastel de calabacín.

7 El pastel de calabacín. Corta 2 calabacines longitudinalmente en láminas de unos 2 cm de grosor. Ponlos en una bandeja para el horno tapada con papel vegetal. Sazónalos con aceite de oliva y sal; hornéalos durante 20 minutos. Engrasa el molde de bizcocho y cubre la base con papel vegetal. Corta las rebanadas del pan de molde para que encajen en la base. En un cuenco, mezcla ⅓ del queso de cabra fresco con los 50 g de caviar de tomates secos. Unta una capa de rebanadas de pan con la olivada y 2 capas de pan de molde con la mezcla del queso de cabra fresco con el caviar de tomates secos. En el fondo del molde, coloca una capa de pan de con tomates secos y añade una capa de calabacines asados. Vierte 1 cucharón de la mezcla con huevos. Coloca otra capa de pan de molde con tomates secos, otra capa de láminas de calabacines asados y un poco de la mezcla con huevos. Arriba de todo, pon una capa de pan con la olivada hacia abajo. Vierte un último cucharón de la mezcla con huevos. Espolvoréalo con el queso *mimolette* rallado que habías reservado y un poco de tomillo o de ajedrea. Hornéalo durante 20 minutos en la parte de arriba del horno.

8 La quiche. Corta el rulo de queso de cabra en rodajas. Cubre la base de la masa precocida con las espinacas cocidas y reparte por encima las rodajas de queso de cabra. Añade el resto de la mezcla con huevos. Hornéalo durante 40 minutos en la parte de abajo del horno.

9 El tajín de guisantes y alcachofas. Pela los guisantes (puedes pedir ayuda a tus hijos, ¡les va a encantar!). En una sartén o un tajín, calienta 3 cucharadas soperas de aceite de oliva. Añade el resto de las cebollas tiernas en juliana, 1 diente de

quinoa con abundante agua. Cuécela durante 15 minutos y escúrrela. Guárdala en la fiambrera donde habías puesto los guisantes.

12 Las zanahorias ralladas. Pela las zanahorias y rállalas. Guárdalas en una fiambrera hermética.

13 Hierve el arroz. Enjuaga la olla grande y vuelve a llenarla de agua con sal. Ponla a hervir. Precuece el arroz para *risotto* durante 12 minutos y escúrrelo. Guárdalo en una fiambrera grande hermética.

14 Las verduras para la sopa minestrone. Corta los 2 calabacines restantes en daditos. Corta la rama de apio en daditos. Guárdalo en la misma fiambrera hermética.

15 La vinagreta. Exprime 2 limones. En una pequeña fiambrera hermética, mezcla 1 cucharada sopera de mostaza, 1 cucharadita de sal, un poco de pimienta y el zumo de limón. Añade poco a poco 16 cucharadas soperas de aceite de oliva.

¡Todo listo! Deja que se enfríe.

Guarda en la nevera
- los espárragos blancos cocidos (se conservan durante 3 días);
- el tajín de alcachofas y guisantes (se conserva durante 2 días);
- la quiche de espinacas con queso de cabra, tapada con papel de aluminio (se conserva durante 2 días);
- el queso *mimolette* rallado (se conserva durante 1 semana);
- la zanahoria rallada (se conserva durante 5 días);
- el arroz hervido (se conserva durante 3 días);
- las verduras para la sopa minestrone (se conservan durante 4 días);
- la quinoa y los guisantes hervidos (se conservan durante 4 días);
- la albahaca y el cilantro lavados (se conservan durante 1 semana);
- la lechuga lavada (se conserva durante 1 semana);
- los bulbos de cebolla tierna (se conservan durante 1 semana);
- la parte verde de las cebollas tiernas (se conserva durante 1 semana);
- la vinagreta (se conserva durante 1 semana).

Guarda en el congelador
- el pastel de calabacín, queso de cabra y olivada, envuelto en papel de aluminio.

ajo prensado, 1 monodosis de azafrán (opcional), 1 cucharadita de sal y 1 cucharada sopera de comino y/o de cilantro molido. Póchalo durante 2 minutos. Añade 1 pastilla de caldo de verduras y cúbrelo con 50 cl de agua. Añade los corazones de alcachofa congelados y cuécelo durante 40 minutos, con la tapa puesta. Añade los guisantes 10 minutos antes del final de la cocción. Si es necesario, vierte un poco más de agua. Retira ¼ de los guisantes cocidos y guárdalos en una fiambrera hermética mediana (para la ensalada de quinoa).

10 Los espárragos. Pon a hervir una olla grande de agua con sal. Mientras tanto, pela los espárragos y corta el extremo duro del tallo. Córtalos en 2 trozos. Hiérvelos durante 10 minutos, escúrrelos y guárdalos en una fiambrera hermética.

11 Hierve la quinoa. Pon a hervir una olla mediana de agua con sal. En un colador fino, lava la

¿Qué debes hacer antes de servir? Menú #3

Lunes

Entrante
Espárragos blancos, fresas y *burrata* con albahaca

Plato principal
Tajín de alcachofas y guisantes

Tiempo de preparación:
10 minutos
Tiempo de recalentamiento:
10 minutos

Ingredientes: los espárragos cocidos, 1 bandejita de fresas, 1 *burrata* (o *mozzarella*), 2 cucharadas soperas de la parte verde de la cebolla tierna, 2 ramitas de albahaca, 3 cucharadas soperas de la vinagreta, sal y pimienta negra; el tajín cocido, 200 g de sémola para cuscús y la mitad del cilantro

Entrante: En un plato hondo, coloca los espárragos, las fresas cortadas por la mitad y, en el centro, la *burrata*. Vierte 3 cucharadas soperas de la vinagreta de limón y salpimiéntalo. Espolvoréalo con hojas de albahaca y la cebolla tierna.

Plato principal: Calienta el tajín a fuego suave durante 10 minutos. Prepara la sémola para el cuscús siguiendo las indicaciones del paquete. Pica el cilantro y espolvorea la sémola con el cilantro y 1 cucharada sopera de la cebolla tierna.

Tiempo de recalentamiento:
15 minutos

Martes

Quiche de espinacas con queso de cabra

Ingredientes: la quiche, la mitad de la lechuga y 6 cucharadas soperas de vinagreta
Calienta la quiche en el horno a 180 °C (t. 6). durante 15 minutos. Sírvela con la lechuga y la vinagreta.

Miércoles

Entrante
Zanahoria rallada con queso *mimolette* y pipas de calabaza

Plato principal
Sopa minestrone de arroz con calabacín

Tiempo de preparación:
10 minutos
Tiempo de cocción y de recalentamiento:
15 minutos

Ingredientes: la zanahoria rallada, el queso *mimolette* rallado, la parte verde de la cebolla tierna restante, 20 g de pipas de calabaza y 6 cucharadas soperas de vinagreta; el arroz hervido, los dados de calabacín y de apio, 2 bulbos de cebolla tierna, 1 diente de ajo, 1 ramita de albahaca, 1 paquete pequeño de parmesano, 1 limón ecológico, aceite de oliva, 1 pastilla de caldo de verduras y romero o tomillo

Entrante: Mezcla la zanahoria y el queso *mimolette* rallados con la vinagreta. Espolvoréalo con pipas de calabaza y la parte verde de la cebolla tierna.

Plato principal: En una sartén grande, calienta 2 cucharadas soperas de aceite de oliva. Pica las 2 cebollas y póchalas con 1 cucharadita de sal durante 2 minutos. Añade el arroz hervido y los dados de verduras y cuécelo durante 2 minutos más.

Vierte 1 l de agua hirviendo, añade 1 pastilla de caldo de verduras y 1 cucharadita de romero o de tomillo; cuécelo durante 10 minutos. Mientras tanto, prepara un pesto picando en un mortero (o triturando con una batidora de mano o un robot de cocina) 1 diente de ajo, 1 cucharadita de sal, el parmesano rallado, la piel y el zumo de limón, la albahaca y 2 cucharadas soperas de aceite de oliva. Sirve la sopa minestrone en cuencos, con 1 cucharada de pesto en cada uno.

Jueves

Ensalada templada de quinoa con guisantes y huevos pasados por agua

Tiempo de preparación:
8 minutos
Tiempo de cocción:
6 minutos

Ingredientes: 4 huevos, la quinoa y los guisantes hervidos, la *feta*, 1 aguacate maduro, los bulbos de cebolla tierna restantes, 4 ramitas de albahaca, el cilantro restante y la mitad de la vinagreta restante
Pon a hervir una olla pequeña con agua y cuece los huevos durante 6 minutos. En el microondas, calienta un poco la quinoa y los guisantes hervidos. Corta la *feta* en daditos. Corta las cebollas tiernas en juliana. Pica el cilantro y la albahaca. Corta el aguacate en daditos. En una ensaladera, mezcla todos los ingredientes con la vinagreta. Sírvelo con 1 huevo pasado por agua para cada comensal.
Para el viernes, saca del congelador el pastel de calabacín, queso de cabra y olivada y déjalo en la nevera.

Tiempo de recalentamiento:
15 minutos

Viernes

Pastel de calabacín, queso de cabra y olivada

Ingredientes: el pastel de calabacín, queso de cabra y olivada, la lechuga restante, la albahaca restante y la vinagreta restante
Calienta el pastel de calabacín, queso de cabra y olivada en el horno precalentado a 180 °C (t. 6) durante 15 minutos. Córtalo en trozos y sírvelo acompañado de la lechuga mezclada con la albahaca y la vinagreta.

Estas indicaciones son las ideales si has preparado el menú para cenar en casa. Pero si has cocinado para comer al día siguiente en el trabajo, en general bastará con que ultimes la preparación la noche antes y calientes la comida en el microondas de la oficina.

Menú #4

Lista de la compra Menú #4

Verduras / Fruta

* 4 zanahorias grandes
* 500 g de tomates *cherry*
* 5 calabacines
* 1 paquete de rúcula (que no caduque hasta dentro de dos o tres días)
* 1 pepino
* 1 manojo de espárragos verdes (entre 12 y 16)
* 500 g de champiñones
* 400 g de judías verdes
* 1 lima
* 1 manojo de perejil
* 1 manojo de albahaca
* 2 chalotas
* 2 dientes de ajo

Frescos

* 4 huevos
* 1 paquete de lasaña (de la sección de pasta fresca)
* 2 paquetes de ravioli de queso (que no caduquen hasta dentro de cinco o seis días)
* 50 g de mantequilla
* 20 cl de crema fresca densa
* 2 quesos de cabra frescos (en total, 400 g)
* 1 paquete de *mozzarella* rallada (unos 150 g)
* 1 paquete de parmesano rallado (unos 60 g)

Despensa básica

* aceite de oliva
* vinagre
* mostaza
* harina al gusto (de trigo sarraceno, por ejemplo)
* 3 hojas de laurel
* 1 pastilla de caldo de verduras
* sal y pimienta

Varios

* 200 g de espelta en grano
* 250 g de arroz integral o semiintegral
* 150 g de lentejas verdinas
* 40 cl de leche de coco
* 2 cucharadas soperas de pasta de curri rojo
* 4 cucharadas soperas de copos de avena o de otro cereal (trigo sarraceno, mijo…)
* 30 g de pistachos

Lunes

Curri de primavera

Martes

Lasaña de queso de cabra con pesto de pistachos

Miércoles

Risotto de espelta con espárragos y champiñones

Jueves

Entrante
Ensalada de lentejas, zanahoria rallada, pepino y tomates *cherry*

Plato principal
Calabacín gratinado

Viernes

Entrante
Sopa de primavera con ravioli

Plato principal
Tortitas de calabacín rallado

<u>Antes de empezar</u>

1) Si tienes suficiente espacio, saca todos los ingredientes que vas a utilizar en la sesión de cocina, menos los tomates *cherry*, la rúcula, las chalotas, la lima, 1 paquete de ravioli y los 50 g de mantequilla. Así lo tendrás todo a mano y no perderás tiempo buscando los ingredientes en los armarios y la nevera.

2) Saca también todos los utensilios necesarios:

 * 1 cazuela pequeña o 1 sartén
 * 2 ollas grandes
 * 1 olla mediana
 * 1 espumadera
 * 1 prensador de ajos
 * 1 colador
 * 1 sartén grande
 * 1 cuenco grande
 * 1 rallador o 1 robot de cocina para rallar (la zanahoria y el calabacín)
 * 1 batidora de mano o 1 robot de cocina para triturar (el pesto)
 * 2 bandejas para gratinar (1 grande para la lasaña y 1 mediana para el calabacín gratinado)
 * 1 trapo limpio
 * 12 fiambreras: 4 grandes (para el arroz, las hierbas aromáticas, el caldo de verduras y las tortitas de calabacín), 6 medianas

(para las lentejas, la zanahoria rallada, el pepino, la espelta, los espárragos y los champiñones), 1 pequeña (para la vinagreta) y 1 botella de cristal de 1 l (para el caldo)
 * papel de cocina, papel film y papel vegetal

<u>¡A cocinar durante 2 horas!</u>

1 <u>Lava las hierbas aromáticas</u>. Sumerge los manojos de hierbas aromáticas en abundante agua fría. Déjalos en remojo durante algunos minutos y luego sécalos muy bien con un trapo limpio. Deja fuera ¾ de la albahaca y la mitad del perejil. Guarda el resto en una fiambrera hermética entre dos hojas de papel de cocina. Así, podrás conservar las hierbas aromáticas en la nevera durante 1 semana.

2 <u>Ralla los 5 calabacines</u>. Una vez rallados, ponlos en un colador en el fregadero, añádeles sal y deja que se vayan escurriendo.

3 Ralla 2 zanahorias. Guárdalas en una fiambrera hermética en la nevera.

4 Prepara el pesto de pistachos. En el vaso de una batidora de mano o de un robot de cocina, pon los 30 g de pistachos, 1 diente de ajo pelado y sin el germen, 1 cucharadita de sal, un poco de pimienta y 30 g de parmesano. Tritúralo hasta que consigas un polvo fino. Añade la albahaca reservada, 3 cucharadas soperas de aceite de oliva y 4 de agua y 300 g de queso de cabra fresco. Tritúralo bien.

5 Monta la lasaña. Precalienta el horno a 180 °C (t. 6). Recubre la base de la bandeja grande para gratinar con hojas de lasaña. A continuación, extiende por encima el pesto de pistachos, formando una capa de 0,5 cm. Repite la operación hasta terminar los ingredientes, dejando en la superficie una capa de lasaña. Espolvoréala con la

mitad de la *mozzarella* rallada y hornéalo durante 30 minutos en la parte de abajo del horno.

6 Hierve la espelta. Pon a hervir una olla mediana de agua con sal. Lava 200 g de espelta y hiérvela durante 45 minutos. Escúrrela.

7 Hierve el arroz. Lava 250 g de arroz y hiérvelo en una olla grande siguiendo las indicaciones del paquete (durante unos 20 minutos si es arroz semiintegral y unos 45 minutos si es integral).

8 Prepara el calabacín gratinado. En un cuenco grande, bate 1 huevo con la mitad de la nata fresca, ½ diente de ajo pelado y picado, 1 cucharadita de sal y un poco de pimienta. Añade la mitad del calabacín rallado (antes, exprímelo un poco entre las manos para que acabe de soltar el agua) y mézclalo todo bien. En una bandeja para gratinar mediana, pon una capa de esta mezcla y recúbrela con una cap

de ravioli. Repite la operación hasta terminar los ingredientes, dejando en la superficie la mezcla con calabacín. (Solo debes utilizar 1 paquete de ravioli.) Espolvoréalo con la *mozzarella* rallada y hornéalo durante 25 minutos en la parte de arriba del horno.

9 Las tortitas de calabacín. En el mismo cuenco grande, bate 3 huevos con el queso de cabra fresco restante (100 g), ½ diente de ajo picado, ½ cucharadita de sal y un poco de pimienta. Añade 2 cucharadas soperas de harina y 4 cucharadas soperas de copos de cereales. Exprime el resto del calabacín rallado con las manos para quitarle el agua y añádelo al cuenco. Mézclalo. En una sartén grande, calienta 3 cucharadas soperas de aceite de oliva. Vierte 1 cucharada sopera de la preparación y aplánala un poco para formar una tortita, y así sucesivamente. Cuécelas a fuego suave durante 5 minutos por cada lado.

10 Las judías verdes. Pon a hervir una olla grande de agua con sal. Quita las puntas de las judías verdes y córtalas en tres trozos. Sumérgelas en el agua hirviendo durante 10 minutos y luego sácalas con una espumadera y ponlas debajo del grifo de agua fría. Resérvalas.

11 Los espárragos. Pela todos los espárragos y quita la parte dura del tallo. Córtalos en cuatro trozos. Sumérgelos en el agua hirviendo de la olla en la que has hervido las judías, cuécelos durante 5 minutos y ponlos debajo del grifo de agua fría. Guarda la mitad en una fiambrera hermética. Deja la otra mitad fuera para preparar la sopa y el curri.

12 Los champiñones. Corta el pie de los champiñones y lávalos. Córtalos en láminas muy finas. Guarda la mitad en una fiambrera hermética en la nevera. Reserva la otra mitad.

15 El curri de primavera. En una cazuela pequeña o una sartén, mezcla la leche de coco con 2 cucharadas soperas de pasta de curri rojo y espera hasta que empiece a borbotear. Pela la última zanahoria y córtala en rodajas finas. Añádela al fuego con ½ vaso de agua. Cuécelo durante 10 minutos. Añade los espárragos y las judías verdes restantes. Alarga la cocción 5 minutos más. Salpiméntalo y deja que se enfríe.

16 El pepino. Pela el pepino y córtalo en daditos. Guárdalo en una fiambrera hermética.

17 La vinagreta. En una pequeña fiambrera hermética, mezcla 1 cucharadita de mostaza con 1 cucharadita de sal, un poco de pimienta y 4 cucharadas soperas de vinagre. Añade, poco a poco, 8 cucharadas soperas de aceite de oliva y 2 cucharadas soperas de agua.

¡Todo listo! Deja que se enfríe.

Guarda en la nevera

* el curri de primavera, en la misma cazuela o sartén, con la tapa puesta (se conserva durante 3 días);
* el arroz hervido (se conserva entre 3 y 4 días);
* la lasaña de queso de cabra con pesto de pistachos, tapada con papel film (se conserva durante 3 días);
* la espelta hervida (se conserva durante 4 días);
* el caldo sin las verduras (se conserva durante 4 días);
* los espárragos hervidos (se conservan durante 4 días);
* los champiñones laminados (se conservan entre 3 y 4 días);
* las lentejas verdinas hervidas (se conservan durante 5 días);
* la zanahoria rallada (se conserva durante 5 días);
* los dados de pepino (se conservan durante 5 días);
* las hierbas aromáticas lavadas (se conservan durante 1 semana);
* la vinagreta (se conserva durante 1 semana);
* el parmesano rallado restante;
* la nata fresca restante;
* el calabacín gratinado, tapado con papel film (si vas a consumirlo en los próximos 4 días).

Guarda en el congelador

* el calabacín gratinado (si vas a consumirlo dentro de 4 días o más);
* el caldo con las verduras;
* las tortitas de calabacín, separadas con papel vegetal.

13 El caldo. En una olla grande, pon a hervir 2 l de agua con sal. Añade 1 pastilla de caldo de verduras y 1 hoja de laurel. Pela 1 zanahoria y córtala en bastoncitos. Échalos en la olla. Cuécelo durante 5 minutos, añade los champiñones que habías reservado y alarga la cocción durante 5 minutos más. A continuación, añade la mitad de las judías verdes y la mitad de los espárragos que habías separado. Cuécelo durante 2 minutos más. Quita la mitad del caldo (sin verduras) y viértelo en una botella de 1 l: te servirá para el *risotto* del miércoles. Guarda el resto del caldo (con las verduras) en una fiambrera grande que pueda ponerse en el congelador, dejando suficiente espacio vacío.

14 Las lentejas verdinas. En la olla mediana, hierve las lentejas con 1 hoja de laurel, siguiendo las indicaciones del paquete (durante unos 25 minutos). No añadas la sal hasta el final de la cocción. Escúrrelas.

Lunes

Curri de primavera

Tiempo de recalentamiento:
10 minutos

Ingredientes: el curri de primavera, el arroz hervido, 1 lima, 10 ramitas de perejil y 1 ramita de albahaca
Calienta la cazuela o la sartén con el curri de primavera durante 10 minutos a fuego medio. Mientras tanto, calienta el arroz (en el microondas, por ejemplo). Cuando el curri esté caliente, añádele el zumo de la lima. Sírvelo acompañado del arroz espolvoreado con perejil y albahaca picados.

Tiempo de recalentamiento:
15 minutos

Martes

Lasaña de queso de cabra con pesto de pistachos

Ingredientes: la lasaña de queso de cabra con pesto de pistachos, ¾ del paquete de rúcula, la mitad de los daditos de pepino, la mitad de los tomates *cherry* y vinagreta
Calienta la lasaña en el horno precalentado a 180 °C (t. 6). durante 15 minutos. En una ensaladera, mezcla la rúcula, los daditos de pepino, los tomates *cherry* partidos por la mitad y 8 cucharadas soperas de la vinagreta.

Miércoles

Risotto de espelta con espárragos y champiñones

Tiempo de recalentamiento:
15 minutos

Ingredientes: la espelta hervida, los espárragos verdes hervidos, los champiñones laminados, el caldo de verduras, 2 chalotas, el parmesano restante, la nata fresca restante, 4 ramitas de perejil, 1 hoja de laurel y 50 g de mantequilla
Pon a hervir el caldo de verduras. Pela y pica las chalotas. En una sartén grande, derrite la mantequilla y dora las chalotas con 1 cucharadita de sal y 1 hoja de laurel. Añade la espelta hervida y mézclalo durante 2 minutos. Vierte el caldo de verduras y añade los champiñones. Cuécelo durante 8 minutos. Añade los espárragos y alarga la cocción durante 3 minutos más. Vierte la nata fresca y el parmesano. Mézclalo bien. Sirve el *risotto* espolvoreado con el perejil picado.
Para el jueves, si congelaste el calabacín gratinado, sácalo del congelador y déjalo en la nevera.

Jueves

Tiempo de preparación:
3 minutos
Tiempo de recalentamiento:
15 minutos

Entrante
Ensalada de lentejas, zanahoria rallada, pepino y tomates *cherry*

Plato principal
Calabacín gratinado

Ingredientes: las lentejas verdinas hervidas, la zanahoria rallada, los daditos de pepino, la mitad de los tomates *cherry* restantes, 1 ramita de albahaca, 8 ramitas de perejil y ¾ de la vinagreta restante; el calabacín gratinado

Entrante: Corta los tomates *cherry* por la mitad. Pica las hierbas aromáticas. Mezcla todos los ingredientes de la ensalada con la vinagreta. ¡Ya puedes servirla!

Plato principal: Precalienta el horno a 180 °C (t. 6) y calienta el calabacín gratinado durante 15 minutos. Para el viernes, saca del congelador el caldo de verduras y las tortitas de calabacín y déjalo en la nevera.

Tiempo de preparación:
2 minutos
Tiempo de cocción y de recalentamiento:
10 minutos

Viernes

Entrante
Sopa de primavera con ravioli

Plato principal
Tortitas de calabacín rallado

Ingredientes: el caldo de verduras descongelado, 1 paquete de ravioli y las hierbas aromáticas restantes; las tortitas de calabacín descongeladas y el resto de la rúcula, de los tomates *cherry* y de la vinagreta

Entrante: Pon a hervir el caldo de verduras, añade los ravioli y cuécelo durante 1 minuto. Pica las hierbas aromáticas. Espolvorea la sopa de primavera con ravioli con las hierbas aromáticas picadas. ¡Ya puedes servirla!

Plato principal: En una sartén, calienta las tortitas de calabacín durante 3 minutos por cada lado. Sírvelas acompañadas de la rúcula y los tomates *cherry* partidos por la mitad con la vinagreta.

Estas indicaciones son las ideales si has preparado el menú para cenar en casa. Pero si has cocinado para comer al día siguiente en el trabajo, en general bastará con que ultimes la preparación la noche antes y calientes la comida en el microondas de la oficina.

Verano

Menú #1

Verduras / Fruta

* 1,5 kg de berenjenas
* 8 calabacines
* 2 ramitas de tomates *cherry*
* 1 rama de apio
* 1 pepino
* 1,5 kg de patatas pequeñas
* 1 brócoli
* 1 manojo de albahaca (o 1 maceta)
* 3 cebollas
* 6 dientes de ajo

Despensa básica

* aceite de oliva
* vinagre de vino tinto
* pan rallado
* sal y pimienta

Frescos

* 6 huevos
* 1 queso de cabra fresco (200 g)
* 1 paquete de parmesano rallado (entre 50 g y 60 g)
* 1 paquete de tofu ahumado (200 g)

Varios

* 400 g de pasta (macarrones)
* 300 g de arroz blanco
* 30 g de pasas
* 40 g de piñones
* 2 cucharadas soperas de alcaparras
* 8 aceitunas verdes
* 1 barra de pan (de tipo *baguette*)
* 80 g de lentejas rojas

Lunes

Pasta con pesto de calabacín crudo

Martes

Pisto de berenjena y tomate con patatas al vapor

Miércoles

Calabacín salteado con ajo, arroz blanco y huevos pasados por agua

Jueves

Entrante
Bruschetta con *caponata*

Plato principal
Patatas salteadas con ajo y tofu ahumado

Viernes

Entrante
Crema de calabacín y brócoli con queso de cabra

Plato principal
Tortitas de lentejas rojas

Preparación Menú #1

Antes de empezar

1) Si tienes suficiente espacio, saca todos los ingredientes que vas a utilizar en la sesión de cocina, menos 4 tomates *cherry*, las patatas, 1 diente de ajo, 4 huevos, el tofu ahumado, el arroz y la pasta. Así lo tendrás todo a mano y no perderás tiempo buscando los ingredientes en los armarios y la nevera.

2) Saca también todos los utensilios necesarios:
   * 1 cazuela grande o una sartén con tapa
   * 1 olla grande
   * 1 olla pequeña
   * 2 sartenes grandes (o 1 *wok*)
   * 1 cuenco grande
   * 1 colador
   * 1 robot de cocina (para el pesto)
   * 1 batidora de mano
   * 1 trapo limpio
   * 7 fiambreras: 4 grandes (para la albahaca, las tortitas de lentejas rojas, la crema de calabacín y brócoli con queso de cabra y los calabacines salteados), 2 medianas (para el pesto y el pepino) y 1 pequeña (para la *caponata*)
   * papel de cocina y 1 bolsa para congelar (para el pan)

¡A cocinar durante 1 hora y 50 minutos!

1 Lava la albahaca. Sumerge el manojo de albahaca en abundante agua fría. Déjalo en remojo durante algunos minutos y, a continuación, sécalo bien con un trapo limpio. Reserva 2 ramitas. Guarda el resto en una fiambrera hermética entre dos hojas de papel de cocina. Así, podrás conservar la albahaca en la nevera durante 1 semana.

2 El pisto. Pela y pica 2 cebollas y 2 dientes de ajo. En una cazuela o una sartén, calienta 2 cucharadas soperas de aceite y añade la cebolla, el ajo y 1 cucharadita de sal. Póchalo durante 5 minutos. Mientras tanto, lava las berenjenas y córtalas en

daditos. Corta en rodajas muy finas la rama de apio. Añádelo a la cazuela o la sartén con los tomates *cherry* enteros (menos 4, que debes reservar para el lunes). Cuécelo durante 45 minutos con la tapa puesta.

3 Las rodajas de pepino. Pela el pepino y córtalo en rodajas muy finas. Añádele sal y ponlo en un escurridor para que vaya soltando el agua durante toda la sesión de cocina.

4 La crema de calabacín y brócoli con queso de cabra. En una olla grande, pon a hervir 80 cl de agua con sal. Pela y trocea 1 cebolla y échala a la olla. Corta el brócoli en ramilletes. Quita las partes duras del tallo y corta la parte interior en daditos. Añádelos a la olla. Lava 3 calabacines y córtalos de tal manera que la piel quede separada de la carne con las pepitas. Echa a la olla esta parte del calabacín. Guarda la parte con la piel (sin pepitas) para el pesto de calabacín crudo. Hierve las verduras a fuego vivo durante 15 minutos sin poner la tapa. Tritúralas con una batidora de mano o un robot de cocina, añadiendo el queso de cabra fresco. Deja que se enfríe y vierte la crema de verduras en una fiambrera hermética que pueda ponerse en el congelador, dejando suficiente vacío.

5 Los calabacines salteados. Lava los 5 calabacines restantes, córtalos en rodajas y, a continuación, pártelas por la mitad. En una sartén grande (o en un *wok*), calienta 3 cucharadas soperas de aceite de oliva y añade el calabacín cortado con 1 cucharadita de sal. Pela y pica 2 dientes de ajo. Añádelos y cuécelo a fuego suave durante 30 minutos.

6 El pesto de calabacín crudo. En el vaso del robot de cocina, pon la parte que habías reservado de los 3 calabacines, 1 diente de ajo pelado y sin germen, 3 cucharadas soperas de parmesano y 20 g de piñones. Tritúralo durante unos segundos. Añade las 2 ramitas de albahaca que habías

separado, 3 cucharadas soperas de aceite de oliva, 1 cucharadita de sal y un poco de pimienta. Tritúralo de nuevo. Guárdalo en una pequeña fiambrera hermética.

7 Hierve las lentejas rojas. Pon a hervir una olla pequeña de agua con sal. Lava las lentejas rojas y cuécelas durante 10 minutos. Escúrrelas bien.

8 El pan. Corta la barra de pan en rebanadas y guárdalas en una bolsa para congelar.

9 Las tortitas de lentejas rojas. En un cuenco grande, bate 2 huevos y vierte las lentejas rojas hervidas y escurridas. Añade 200 g de pisto,

1 pellizco de sal y 4 cucharadas soperas de pan rallado. En una sartén grande, calienta 2 cucharadas soperas de aceite de oliva. Con las manos, forma tortitas. Cuécelas a fuego medio durante 4 minutos por cada lado.

10 La *caponata*. Lava el cuenco grande. Corta las 8 aceitunas verdes en daditos y échalas en el cuenco con 2 cucharadas soperas de alcaparras, 30 g de pasas y ¼ de vaso de vinagre de vino tinto. Añade 4 cucharadas soperas de pisto. Mézclalo bien y guárdalo en una fiambrera hermética.

¡Todo listo! Deja que se enfríe.

Guarda en la nevera
* el pesto de calabacín crudo (se conserva entre 1 y 2 días);
* el pisto, en la misma cazuela (se conserva entre 3 y 4 días);
* el calabacín salteado (se conserva entre 3 y 4 días);
* la *caponata* (se conserva durante 4 días);
* las rodajas de pepino (se conservan durante 5 días);
* la albahaca lavada (se conserva durante 1 semana);
* el parmesano rallado restante.

Guarda en el congelador
* las rebanadas de pan;
* la crema de calabacín y brócoli con queso de cabra;
* las tortitas de lentejas rojas.

Velouté courgette
brocoli . chèvre

Lunes

Pasta con pesto de calabacín crudo

Tiempo de preparación:
2 minutos
Tiempo de cocción:
12 minutos

Ingredientes: 400 g de pasta (macarrones), el pesto de calabacín crudo, 4 tomates *cherry*, el resto de parmesano rallado y 1 ramita de albahaca

Hierve la pasta siguiendo las indicaciones del paquete. Mientras tanto, corta los tomates *cherry* en cuatro trozos. Mezcla la pasta escurrida con el pesto. Sírvela en los platos, espolvoreada con parmesano y decorada con hojas de albahaca y tomates *cherry*.

Tiempo de recalentamiento y de cocción:
15 minutos

Martes

Pisto de berenjena y tomate con patatas al vapor

Ingredientes: el pisto de berenjena y tomate, 1,5 kg de patatas pequeñas y 1 ramita de albahaca

Cuece las patatas al vapor durante 15 minutos. Calienta el pisto en la misma cazuela. Sírvelo espolvoreado con albahaca picada y la mitad de las patatas hervidas. Guarda la otra mitad de las patatas hervidas en la nevera para la receta del jueves.

Miércoles

Calabacín salteado con ajo, arroz blanco y huevos pasados por agua

Tiempo de recalentamiento y de cocción:
15 minutos

Ingredientes: el calabacín salteado con ajo, 250 g de arroz blanco y 4 huevos

Hierve el arroz siguiendo las indicaciones del paquete. En una sartén, calienta el calabacín a fuego suave durante 10 minutos. Pon a hervir una olla pequeña de agua y cuece los huevos durante 6 minutos. Sirve el arroz con el calabacín y añade 1 huevo pelado en cada plato.

Jueves

Tiempo de recalentamiento y de cocción:
10 minutos
Tiempo de preparación:
10 minutos

Entrante
Bruschetta
con *caponata*

Plato principal
Patatas salteadas
con ajo y tofu
ahumado

Ingredientes: las rebanadas de pan congelado, la *caponata*, 20 g de piñones, 1 ramita de albahaca y aceite de oliva; las patatas hervidas, 200 g de tofu ahumado, 1 diente de ajo, aceite de oliva, sal y pimienta
Entrante: Pon un poco de aceite de oliva en las rebanadas de pan. A continuación, dóralas en la tostadora o en el horno. Unta las rebanadas de pan con *caponata* y decóralas con algunos piñones y hojas de albahaca.
Plato principal: En una sartén grande (o un *wok*), calienta 3 cucharadas soperas de aceite de oliva. Corta las patatas en rodajas y el tofu ahumado en dados. Añádelo a la sartén con 1 cucharadita de sal y un poco de pimienta. Cuécelo a fuego vivo durante 5 minutos. Pela y pica (o prensa) el diente de ajo y añádelo a la sartén. Alarga la cocción durante 5 minutos más, removiendo a menudo.
Para el viernes, saca del congelador la crema de verduras y las tortitas de lentejas rojas y déjalo en la nevera.

Tiempo de recalentamiento:
10 minutos

Viernes

Entrante
Crema de calabacín
y brócoli con queso
de cabra

Plato principal
Tortitas de lentejas
rojas

Ingredientes: la crema de calabacín y brócoli con queso de cabra; las tortitas de lentejas rojas, las rodajas de calabacín, vinagre y aceite de oliva
Entrante: Calienta la crema de verduras a fuego suave durante 10 minutos. Sírvela espolvoreada con albahaca.
Plato principal: En una sartén grande, calienta 1 cucharada sopera de aceite de oliva y dora las tortitas a fuego suave durante 5 minutos por cada lado. Sírvelas acompañadas de las rodajas de pepino con un chorrito de vinagre y de aceite de oliva.

Estas indicaciones son las ideales si has preparado el menú para cenar en casa. Pero si has cocinado para comer al día siguiente en el trabajo, en general bastará con que ultimes la preparación la noche antes y calientes la comida en el microondas de la oficina.

Menú #2

Lista de la compra Menú #2

Verduras / Fruta

* 3 pepinos pequeños
* 4 pimientos verdes grandes
* 1 pimiento rojo
* 5 tomates pera
* 8 tomates de rama
* 1 rama de tomates *cherry*
* 3 calabacines
* 1 zanahoria
* 250 g de champiñones
* 1 aguacate (para el lunes)
* 2 nectarinas (para el lunes)
* 1 bolsita de brotes de soja (que no caduque hasta dentro de 3 o 4 días)
* 1 bolsita de brotes de espinaca (que no caduque hasta dentro de 4 o 5 días)
* 1 manojo de menta
* 1 manojo de perejil
* 3 dientes de ajo

Frescos

* 8 huevos
* 150 g de queso *comté* rallado
* 100 g de queso *tomme* de oveja
* 4 tortas de trigo sarraceno

Varios

* 8 hojas de papel de arroz
* 1 paquete de fideos *vermicelli* de arroz (200 g)
* 150 g de quinoa blanca
* 400 g de lentejas verdinas
* 200 g de espaguetis
* 2 panecillos, que idealmente deberías comprar el martes (o 4 panes de pita)
* 20 g de cacahuetes tostados con sal
* 30 g de nueces
* 3 cucharadas soperas de semillas de sésamo

Despensa básica

* aceite de oliva
* aceite de sésamo
* vinagre
* mostaza
* comino
* pan rallado
* salsa de soja
* sal y pimienta

Lunes

Entrante
Rollitos de primavera

Plato principal
Ensalada de quinoa
con nectarina,
aguacate y brotes
de espinaca

Martes

Tajín de pimiento verde
y tomate con huevo

Miércoles

Albóndigas de lentejas
y espaguetis
de calabacín

Jueves

Entrante
Ensalada *thai*

Plato principal
Tortas de trigo
sarraceno con tomate,
queso *comté* y huevo

Viernes

Ensalada de lentejas
con queso *tomme*
de oveja y *crudités*

Preparación Menú #2

Antes de empezar

1) Si tienes suficiente espacio, saca todos los ingredientes que vas a utilizar en la sesión de cocina, menos los tomates *cherry*, los champiñones, el aguacate, las nectarinas, los brotes de soja, los brotes de espinaca, todos los «productos frescos», el pan, los espaguetis y las semillas de sésamo. Así lo tendrás todo a mano y no perderás tiempo buscando los ingredientes en los armarios y la nevera.

2) Saca también todos los utensilios necesarios:
   * 1 sartén grande o un tajín
   * 1 olla grande (para las lentejas y la quinoa)
   * 1 sartén
   * 1 robot de cocina (para las albóndigas de lentejas)
   * 1 colador fino (para la quinoa)
   * 1 mandolina o 1 pelador para preparar los espaguetis de calabacín
   * 1 cuenco grande
   * 1 trapo limpio
   * 12 fiambreras: 4 grandes (para las hierbas aromáticas, los espaguetis de calabacín, las lentejas y la ensalada *thai*), 4 medianas (para los rollitos de primavera, la quinoa, las albóndigas de lentejas y los tomates asados) y 4 pequeñas (para la vinagreta, los dados de pepino, los dados de queso *tomme* de cabra y los cacahuetes picados)
   * papel de cocina, papel film y 1 bolsa para congelar (para el pan)

¡A cocinar durante 2 horas y 10 minutos!

1 Lava el perejil y la menta. Sumerge los manojos de hierbas aromáticas en abundante agua fría. Déjalos en remojo durante algunos minutos y, a continuación, sécalos bien con un trapo limpio. Separa 16 hojas de menta y 8 ramitas de perejil. Guarda el resto en una fiambrera hermética entre dos hojas de papel de cocina. Así, podrás conservar el perejil y la menta en la nevera durante 1 semana.

2 El tajín. Con un pelador o una mandolina, pela los 4 pimientos verdes (así se digieren mejor). Reserva 1 para la ensalada thai. Quita el pedúnculo y las semillas y luego córtalos en tiras gruesas. Lava y corta los 5 tomates de rama en dados. Pela y pica los 3 dientes de ajo. En una sartén o

un tajín, calienta 3 cucharadas soperas de aceite de oliva, añade el ajo y 1 cucharadita de comino. Dóralo a fuego vivo durante 1 minuto y agrega los tomates con 1 cucharadita de sal; cuécelo durante 5 minutos más para que los tomates acaben de soltar el agua. Añade las tiras de pepino verde y vierte un vaso pequeño de agua. Cuécelo con la tapa puesta durante 30 minutos.

3 Hierve las lentejas. Pon a hervir una olla grande con agua y cuece las lentejas durante 25 minutos. No añadas la sal hasta el final de la cocción. Escúrrelas.

4 Los rollitos de primavera. Hidrata los fideos *vermicelli* de arroz sumergiéndolos en agua hirviendo durante 3 minutos y luego escúrrelos. Pela 1 pepino, la zanahoria y el pimiento rojo. Corta las verduras en bastoncitos muy finos.

Extiende frente a ti el trapo húmedo que has utilizado para escurrir las hierbas aromáticas y coloca encima una hoja de papel de arroz. Vierte un chorrito de agua para rehidratarla y espera 30 segundos. Cerca de uno de los bordes de la hoja de papel de arroz, pon un poco de fideos *vermicelli* y unas cuantas tiras de verdura. Enrolla la hoja de papel de arroz, apretando ligeramente. Cuando llegues a la mitad, añade 2 hojas de menta, luego dobla los bordes y acaba de enrollar la hoja. Repite la operación para preparar los otros 7 rollitos de primavera. Guárdalos en una fiambrera hermética en la nevera (o por separado, cada uno envuelto con papel film, para que no se peguen). Guarda el resto de los fideos *vermicelli* de arroz y de los bastoncitos de *crudités* en una fiambrera hermética grande para la ensalada *thai*.

Preparación Menú #2

5 Los ingredientes para la ensalada *thai*. Lava 1 pepino y, con un pelador, córtalo en láminas. Guárdalo en la fiambrera que contiene los fideos *vermicelli* de arroz y los bastoncitos de *crudités*. Corta el último pimiento verde pelado en tiras muy finas. Añádelas a la fiambrera y ponla en la nevera. Pica los cacahuetes y guárdalos en una fiambrera pequeña.

6 Los tomates asados (para las tortas de trigo sarraceno). Corta los 8 tomates de rama en dados. En una sartén, calienta 1 cucharada sopera de aceite de oliva y añade los dados de tomate. Pica las 8 ramitas de perejil que habías reservado y agrégalas. Rectifica de sal y cuécelo durante 15 minutos a fuego vivo, sin poner la tapa, hasta que el jugo se haya evaporado por completo.

7 Los ingredientes para la ensalada de lentejas. Corta el queso *tomme* de cabra en daditos. Guárdalo en una pequeña fiambrera hermética. Lava el último pepino y córtalo en daditos. Guárdalo en otra fiambrera.

8 Los espaguetis de calabacín. Lava los 3 calabacines y, con una mandolina o un pelador, prepara los espaguetis. Guárdalos en una fiambrera hermética.

9 La quinoa. Friega la olla grande, llénala de agua con sal y ponla a hervir. En un colador fino, lava la quinoa y luego hiérvela a fuego vivo durante 15 minutos. Escúrrela y guárdala en una fiambrera hermética.

10 Las albóndigas de lentejas. En el vaso de un robot de cocina, pon 400 g de lentejas hervidas

bien escurridas, 30 g de nueces, 40 g de pan rallado, 1 cucharadita de mostaza y 1 cucharadita de sal. Tritúralo durante unos segundos. Con las manos, forma albóndigas. Guárdalas en una fiambrera hermética.

11 La vinagreta para la ensalada de quinoa. En una pequeña fiambrera hermética, mezcla 1 cucharada sopera de mostaza con 1 cucharadita de sal y un poco de pimienta. Añade 5 cucharadas soperas de vinagre, 10 cucharadas soperas de aceite de oliva y 2 cucharadas soperas de agua.

¡Todo listo! Deja que se enfríe.

Guarda en la nevera
* los rollitos de primavera (se conservan entre 1 y 2 días);
* la quinoa hervida (se conserva durante 4 días);
* el tajín de pimiento y tomate (se conserva durante 4 días);
* las albóndigas de lentejas (se conservan durante 5 días);
* los espaguetis de calabacín (se conservan durante 5 días);
* los ingredientes para la ensalada *thai* (se conservan durante 4 días);
* los dados de queso *tomme* de oveja (se conservan durante 5 días);
* los dados de pepino (se conservan durante 5 días);
* el resto de las lentejas hervidas (se conservan durante 5 días);
* el perejil y la menta lavados (se conservan durante 1 semana);
* la vinagreta (se conserva durante 1 semana);
* los tomates asados (se conservan durante 5 días);
* los panecillos, en una bolsa para congelar (se conservan durante 3 días).

Deja fuera
* los cacahuetes picados.

Lunes

Entrante
Rollitos de primavera

Plato principal
Ensalada de quinoa con nectarina, aguacate y brotes de espinaca

Tiempo de preparación:
8 minutos

Ingredientes: los rollitos de primavera, 4 cucharadas soperas de salsa de soja y 1 cucharadita de semillas de sésamo; la quinoa hervida, 2 nectarinas, 1 aguacate, la mitad de los brotes de espinaca, del perejil y de la vinagreta
Entrante: Sirve los rollitos de primavera junto a un cuenco de soja con 1 cucharadita de semillas de sésamo.
Plato principal: Pica el perejil. Corta el aguacate y las nectarinas en daditos. En una ensaladera, mezcla estos ingredientes con la quinoa, los brotes de espinaca y la vinagreta.

Tiempo de recalentamiento:
15 minutos

Martes

Tajín de pimiento verde y tomate con huevo

Ingredientes: el tajín de pimiento verde y tomate, 4 huevos, 8 ramitas de perejil y los panecillos o los panes de *pita*
Calienta el tajín a fuego medio durante 10 minutos. Añade 4 huevos y alarga la cocción durante 5 minutos más. Pica el perejil. Sirve el tajín de pimiento verde y tomate con huevo acompañado de los panecillos tostados.
Guarda 8 cucharadas soperas de la salsa de tajín para la receta del miércoles.

Miércoles

Albóndigas de lentejas y espaguetis de calabacín

Tiempo de cocción:
10 minutos

Ingredientes: las albóndigas de lentejas, la salsa de tajín restante, 200 g de espaguetis y los espaguetis de calabacín
En una sartén grande, calienta 3 cucharadas soperas de aceite de oliva y dora las albóndigas de lentejas durante 10 minutos por todas las caras. Pon a hervir una olla grande de agua con sal y cuece la pasta siguiendo las indicaciones del paquete. 1 minuto antes de que termine la cocción, añade los espaguetis de calabacín y luego escurre todos los espaguetis. Calienta el resto de la salsa de tajín. Sirve los espaguetis con la salsa de tajín y, encima, las albóndigas de lentejas.

Tiempo de recalentamiento y de cocción:
15 minutos
Tiempo de preparación:
10 minutos

Jueves

Entrante
Ensalada *thai*

Plato principal
Tortas de trigo sarraceno con tomate, queso *comté* y huevo

Ingredientes: la fiambrera con los fideos *vermicelli* de arroz y las *crudités*, la bolsita de brotes de soja, los cacahuetes picados, el resto de la menta, las semillas de sésamo restantes, aceite de sésamo y salsa de soja; las tortas de trigo sarraceno, los tomates asados, el queso *comté* rallado, 4 huevos y algunos brotes de espinaca

Entrante: Pica la menta. En una ensaladera, mezcla los fideos *vermicelli* de arroz, las tiras de pimiento y de pepino, los brotes de soja, los cacahuetes picados y la menta. Aderézalo con 6 cucharadas soperas de aceite de sésamo y 4 cucharadas soperas de salsa de soja. Espolvoréalo con las semillas de sésamo. Mézclalo bien.

Plato principal: Precalienta el horno a 180 °C (t. 6). Reparte por encima de cada torta de trigo sarraceno ¼ de los tomates asados con perejil, ¼ del queso *comté* rallado y 1 huevo. Dobla dos de los bordes de cada torta y ponlas en una bandeja para el horno. Hornéalas durante 10 minutos. Si crees que hace demasiado calor para encender el horno, también puedes cocer las tortas en una sartén. Sírvelas con un puñado de brotes de espinaca.

Viernes

Tiempo de preparación:
8 minutos

Ensalada de lentejas con queso *tomme* de oveja y *crudités*

Ingredientes: las lentejas hervidas, los dados de pepino, los tomates *cherry*, los champiñones, el resto de los brotes de espinaca, de la vinagreta y del perejil
Corta los champiñones en láminas. Trocea un poco los brotes de espinaca. Pica el perejil. En una ensaladera, mezcla todos los ingredientes con la vinagreta. ¡Ya puedes servir la ensalada!

Estas indicaciones son las ideales si has preparado el menú para cenar en casa. Pero si has cocinado para comer al día siguiente en el trabajo, en general bastará con que ultimes la preparación la noche antes y calientes la comida en el microondas de la oficina.

Menú #3

Lista de la compra Menú #3

Verduras / Fruta

* 500 g de tomates amarillos (no muy maduros)
* 500 g de tomates carnosos (tipo corazón de buey)
* 1 tomate de rama
* 1 ramita de tomates *cherry*
* 3 calabacines redondos
* 1 pepino
* 1 lechuga hoja de roble pequeña
* 500 g de judías verdes
* 2 pimientos rojos
* 4 berenjenas
* 600 g de sandía
* 1 limón
* 1 manojo de perejil
* 5 dientes de ajo
* 2 cebollas moradas

Frescos

* 1 tarro de *feta* con aceite de oliva
* 1 paquete con 8 lonchas de queso *cheddar*
* 1 masa de hojaldre
* 1 rulo de queso de cabra fresco (unos 150 g)

Varios

* 4 panecillos para hamburguesa integrales
* 200 g de lentejas rojas
* 300 g de *linguine* (o pasta tipo tallarines)
* 300 g de arroz blanco
* 400 g de arroz integral
* 100 g de mijo (o de *bulgur*)
* 1 tarro grande de garbanzos hervidos
* 20 g de piñones
* 30 g de aceitunas verdes
* 1 lata de leche de coco (40 cl)
* 1 tarro pequeño de concentrado de tomate

Despensa básica

* aceite de oliva
* pan rallado
* 1 pastilla de caldo de verduras
* pepinillos
* mostaza
* hierbas provenzales
* romero
* 1 monodosis de azafrán (opcional)
* cúrcuma
* especias *tandoori* o *garam masala*
* sal y pimienta

Lunes

Entrante
Tabulé de mijo
con perejil

Plato principal
Tarta de berenjena
y tomate

Martes

Entrante
Ensalada de tomate
amarillo, sandía y *feta*

Plato principal
Linguine con judías
verdes

Miércoles

Paella vegetariana

Jueves

Hamburguesas
de garbanzos
y calabacín asado

Viernes

Dhal de berenjenas

Antes de empezar

1) Si tienes suficiente espacio, saca todos los ingredientes que vas a utilizar en la sesión de cocina, menos los tomates amarillos, el tomate de rama, el limón, la *feta*, el queso *cheddar*, los panecillos para hamburguesa, los *linguine*, las aceitunas y el arroz. Así lo tendrás todo a mano y no perderás tiempo buscando los ingredientes en los armarios y la nevera.

2) Saca también todos los utensilios necesarios:
  * 1 cazuela grande o 1 sartén
  * 1 olla grande
  * 1 olla mediana
  * 1 sartén grande
  * 2 bandejas para el horno
  * 2 bandejas para gratinar
  * 1 robot de cocina
  * 1 colador fino
  * 1 cuenco grande
  * 1 ensaladera (para el tabulé)
  * 1 escurridor de ensalada
  * 1 trapo limpio
  * 9 fiambreras: 1 muy grande (para la lechuga), 5 grandes (para el perejil, las judías verdes, el arroz, la paella vegetariana y el *dhal*) y 3 medianas (para el calabacín, la sandía y las hamburguesas de garbanzos)
  * papel de cocina, papel film, papel vegetal y papel de aluminio

¡A cocinar durante 2 horas!

1 Lava la lechuga hoja de roble. Separa las hojas de la lechuga y lávalas bien. Escúrrelas con un escurridor de ensalada o con un trapo limpio. Guárdalas en una fiambrera muy grande, entre dos hojas de papel de cocina. Así, podrás conservar la lechuga en la nevera durante 1 semana.

2 Lava el perejil. Sumerge el manojo de perejil en abundante agua fría. Déjalo en remojo durante algunos minutos y, a continuación, sécalo bien con un trapo limpio o con un escurridor de ensalada. Arranca las hojas. Guarda la mitad en una fiambrera hermética entre dos hojas de papel de cocina. Así, podrás conservar el perejil en la nevera durante 1 semana. Reserva la otra mitad del perejil.

3 Las verduras al horno (para la tarta de berenjena y tomate y las hamburguesas). Precalienta el horno a 200 °C (t. 6-7). Corta 2 berenjenas y los 500 g de tomates carnosos en rodajas de 1 cm de grosor. Extiéndelas, bien juntas, en 2 bandejas para el horno recubiertas de papel vegetal. Corta 8 rodajas gruesas de calabacín de la parte más ancha. Añádelas a la bandeja. (Conserva el resto del calabacín para la paella de verduras.) Sazona las verduras con aceite de oliva, sal y hierbas provenzales. Hornéalas durante 15 minutos, da la vuelta a las rodajas y alarga la cocción durante 10 minutos más.

4 Hierve el arroz integral. Lávalo y cuécelo siguiendo las indicaciones del paquete (unos 45 minutos); escúrrelo.

5 Las verduras para la paella vegetariana. Corta el resto del calabacín en dados. Pela y pica 1 cebolla morada y 2 dientes de ajo. En una cazuela, calienta 2 cucharadas soperas de aceite de oliva y agrega la cebolla, el ajo y 1 cucharadita de sal. Póchalo durante 5 minutos. Mientras tanto, pela los 2 pimientos rojos (así se digieren mejor). Quita las semillas y corta 1 pimiento y medio en dados. (Guarda la mitad restante para el tabulé.) Añade los dados de pimiento y de calabacín a la cazuela y alarga la cocción durante 3 minutos más, a fuego vivo, removiendo a menudo. A continuación, agrega 1 monodosis de azafrán (opcional), 1 cucharadita de cúrcuma, 1 cucharadita de romero picado, 1 cucharadita de concentrado de tomate y 1 pastilla de caldo de verduras. Recúbrelo de agua y cuécelo a fuego medio durante 15 minutos. Cuando se haya enfriado un poco, viértelo en una fiambrera hermética grande.

6 Las berenjenas para el *dhal*. Corta las 2 berenjenas restantes en dados. Ponlas en una bandeja para gratinar y sazónalas con 4 cucharadas de aceite de oliva y sal. En cuanto el horno esté libre, hornéalo durante 30 minutos en la parte de abajo.

7 Las judías verdes. Corta las puntas de las judías verdes. Ponlas en otra bandeja para gratinar. Pela y pica 2 dientes de ajo y agrégalos a la bandeja. Sazónalo con 4 cucharadas soperas de aceite de oliva, abundante sal y pimienta. Mézclalo bien. Hornéalo durante 15 minutos en la parte de arriba del horno.

8 Hierve el mijo. En una olla mediana, pon a hervir 25 cl de agua con sal. Lava el mijo y viértelo en la olla con 1 cucharada sopera de aceite de oliva. Cuécelo durante 10 minutos a fuego suave, con la tapa puesta, y luego déjalo reposar fuera del fuego.

9 La tarta de berenjena y tomate. Desenrolla la masa de hojaldre en una bandeja para el horno. Corta el queso de cabra fresco en rodajas y repártelo por encima de la masa. Añade las rodajas de tomate y de berenjena asadas, alternándolas y formando una trama. Espolvoréalo con piñones. Hornéalo durante 20 minutos.

10 Las hamburguesas de garbanzos. Lava los garbanzos hervidos. En el vaso de un robot de cocina, pon 200 g de garbanzos, 200 g de arroz integral hervido, 4 rodajas de calabacín asado (las más feas) y 4 cucharadas de pan rallado.

15 minutos, removiendo de vez en cuando. Si es necesario, añade un poco más de agua. Vierte la leche de coco y alarga la cocción durante 5 minutos más.

12 Las *crudités* para el tabulé. Corta en daditos el medio pimiento rojo que habías reservado. Ponlo en una ensaladera. Pela el pepino y córtalo den daditos. Añádelo a la ensaladera. Corta los tomates *cherry* en 4 trozos y agrégalos también. Pica el perejil que habías separado. Viértelo en la ensaladera del mijo, mézclalo bien y tápalo con papel film.

13 Los dados de sandía. Quita la corteza y corta la pulpa en daditos. (Si lo prefieres, puedes cortar la sandía el mismo martes.)

Tritúralo un poco. Con las manos, forma hamburguesas de unos 125 g cada una y rebózalas con pan rallado. En una sartén grande, calienta aceite de oliva y dora las hamburguesas vegetales durante 5 minutos por cada lado a fuego medio.

11 El *dhal* de berenjenas. Lava la cazuela que has utilizado para preparar las verduras de la paella vegetal. Pela y pica 1 cebolla y 1 diente de ajo. En la cazuela, calienta 1 cucharada sopera de aceite de oliva, agrega la cebolla y el ajo picados, 1 cucharadita de sal, 1 cucharadita de cúrcuma y 1 cucharada sopera de especias *tandoori* o *garam masala*. Póchalo durante 3 minutos. Añade los dados de berenjena asados al horno, las lentejas rojas, 1 cucharadita de concentrado de tomate y cúbrelo con agua. Cuécelo a fuego medio durante

¡Todo listo! Deja que se enfríe.

Guarda en la nevera
- ✳ el tabulé de mijo (se conserva entre 1 y 2 días);
- ✳ la tarta de berenjena y tomate, tapada con papel de aluminio (se conserva entre 1 y 2 días);
- ✳ los dados de sandía (se conservan durante 4 días);
- ✳ las judías verdes cocidas (se conservan entre 3 y 4 días);
- ✳ el arroz integral hervido (se conserva durante 4 días);
- ✳ las hamburguesas de garbanzos y calabacín (se conservan durante 4 días);
- ✳ las verduras para la paella con el resto de los garbanzos (se conservan entre 3 y 4 días);
- ✳ las rodajas de calabacín asadas (se conservan durante 4 días);
- ✳ el perejil lavado (se conserva durante 1 semana);
- ✳ la lechuga hoja de roble lavada (se conserva durante 1 semana).

Guarda en el congelador
- ✳ el *dhal* de berenjenas.

Lunes

Entrante
Tabulé de mijo
con perejil

Plato principal
Tarta de berenjena
y tomate

Tiempo de preparación:
2 minutos
Tiempo de recalentamiento:
15 minutos

Ingredientes: el tabulé, 1 limón, aceite de oliva, sal y pimienta; la tarta de berenjena y tomate
Entrante: Exprime el limón y mezcla el zumo con 5 cucharadas soperas de aceite de oliva, ½ cucharadita de sal y un poco de pimienta. Viértelo en el tabulé y mézclalo bien. ¡Ya puedes servirlo!
Plato principal: Calienta la tarta de berenjena y tomate en el horno precalentado a 180 °C (t. 6) entre 10 y 15 minutos.

Tiempo de preparación:
8 minutos
Tiempo de cocción:
15 minutos

Martes

Entrante
Ensalada de tomate
amarillo, sandía y *feta*

Plato principal
***Linguine* con judías**
verdes

Ingredientes: los 500 g de tomates amarillos, los dados de sandía, el tarro de dados de *feta*, 4 aceitunas verdes y 4 ramitas de perejil; 300 g de *linguine*, las judías verdes cocidas, el concentrado de tomate restante y 4 ramitas de perejil
Entrante: Corta los tomates en rodajas. Parte las aceitunas por la mitad. Sírvelo en una ensaladera, junto con los dados de *feta* y el aceite de oliva del tarro, y sazónalo con sal y pimienta.
Plato principal: Hierve la pasta siguiendo las indicaciones del paquete. En una sartén, calienta 2 cucharadas soperas de aceite de oliva y echa las judías verdes con el concentrado de tomate. Caliéntalo, sin dejar de remover. Escurre un poco la pasta y añádela a la sartén. Mézclalo bien y sírvelo espolvoreado con perejil picado.

Miércoles

Paella vegetariana

Tiempo de recalentamiento:
10 minutos

Ingredientes: las verduras para la paella vegetariana, el arroz integral hervido, 4 ramitas de perejil y el resto de las aceitunas verdes
Mezcla el arroz integral con las verduras, añade las aceitunas y caliéntalo como prefieras (en una sartén o en el microondas). Antes de servirlo, espolvoréalo con perejil picado.

Tiempo de preparación:
10 minutos
Tiempo de recalentamiento:
5 minutos

Jueves

**Hamburguesas
de garbanzos
y calabacín asado**

Ingredientes: 4 panecillos para hamburguesa, las 8 lonchas de queso *cheddar*, las 4 hamburguesas de garbanzos, las 4 rodajas de calabacín asado, 1 tomate de rama, 2 pepinillos, mostaza, la lechuga hoja de roble lavada, vinagre y aceite de oliva
Corta los panecillos transversalmente y tuéstalos en una tostadora o en el horno. En una sartén con aceite de oliva o en el horno, calienta las hamburguesas vegetarianas y las rodajas de calabacín. Corta el tomate y los pepinillos en rodajas. Unta la miga de la parte de abajo de cada panecillo con un poco de mostaza, pon 1 rodaja de tomate, 1 hamburguesa, 2 lonchas de *cheddar*, 1 rodaja de calabacín asado, unas cuantas rodajas de pepinillo, 1 hoja de lechuga y la parte de arriba del panecillo. Repite la operación con las otras tres hamburguesas. Sírvelo con el resto de la lechuga hoja de roble aderezada con aceite de oliva, vinagre y sal.
Para el viernes, saca del congelador el *dhal* de berenjenas y déjalo en la nevera.

Viernes

Dhal de berenjenas

Tiempo de cocción y de recalentamiento:
15 minutos

Ingredientes: el *dhal* de berenjenas, 300 g de arroz blanco y el resto del perejil
Hierve el arroz siguiendo las indicaciones del paquete. Mientras tanto, calienta el *dhal* de berenjenas a fuego suave. Sírvelo acompañado del arroz, espolvoreado con el perejil picado.

Estas indicaciones son las ideales si has preparado el menú para cenar en casa. Pero si has cocinado para comer al día siguiente en el trabajo, en general bastará con que ultimes la preparación la noche antes y calientes la comida en el microondas de la oficina.

Menú #4

Lista de la compra Menú #4

Verduras / Fruta

* 500 g de tomates amarillos
* 700 g de tomates de varios colores (firmes)
* 4 tomates grandes para rellenar
* 5 tomates de rama
* 3 aguacates
* 3 calabacines
* 3 pimientos amarillos
* 3 pimientos rojos
* 1 pepino
* 1 bolsita de rúcula (que no caduque hasta dentro de 5 o 6 días)
* 1 manojo de cebolla tierna
* 1 limón
* 1 manojo (o una maceta) de albahaca
* 5 dientes de ajo

Frescos

* 4 huevos
* 1 masa grande de pizza de 400 g (o 2 masas clásicas)
* 1 tarro de *ricotta*
* 1 tarro de dados de *feta* con aceite de oliva
* 2 bolas grandes de *mozzarella*

Varios

* 500 g de arroz semiintegral
* 8 rebanadas de pan de molde
* 1 tarro grande de garbanzos hervidos
* 1 tarro pequeño de maíz
* 100 g de tomates secos
* 30 g de aceitunas negras (opcional)

Despensa básica

* aceite de oliva
* 1 hoja de laurel
* 1 pastilla de caldo de verduras
* romero
* orégano
* sal y pimienta

Lunes

Arroz con tomate
y huevo duro

Martes

Entrante
Gazpacho amarillo

Plato principal
Sándwich caliente
de tomate, *mozzarella*
y aguacate

Miércoles

Tomates rellenos
de arroz y *feta*

Jueves

Ensalada de garbanzos
y calabacín asado

Viernes

Entrante
Tomate y *mozzarella*
a mi manera

Plato principal
Pizza de *ricotta*
y pimientos asados

Preparación Menú #4

Antes de empezar

1) Si tienes suficiente espacio, saca todos los ingredientes que vas
a utilizar en la sesión de cocina, menos los tomates de varios
colores, los tomates *cherry*, la rúcula, los aguacates, la masa
de pizza, la *ricotta*, las bolas de *mozzarella*, el pan de molde,
el tarro de garbanzos hervidos, el tarro de maíz y las aceitunas.
Así lo tendrás todo a mano y no perderás tiempo buscando
los ingredientes en los armarios y la nevera.
2) Saca también todos los utensilios necesarios:
   * 1 cazuela o 1 sartén (para el arroz con tomate)
   * 1 olla pequeña (para los huevos duros)
   * 1 robot de cocina (para el gazpacho y la vinagreta)
   * 1 cuenco grande
   * 2 bandejas para el horno (para los pimientos y los calabacines
   asados y para los tomates rellenos)
   * 1 trapo limpio
   * 8 fiambreras: 1 grande (para la albahaca), 5 medianas
   (para los huevos duros, los dados de pepino, los calabacines
   asados, los pimientos asados y las cebollas tiernas) y
   1 pequeña (para la vinagreta) y 1 botella de cristal de 1 l
   (para el gazpacho)
   * papel de cocina y papel film

¡A cocinar durante 1 hora y 50 minutos!

1 Lava la albahaca. Sumerge el manojo de albahaca
en abundante agua fría. Déjalo en remojo durante
algunos minutos y, a continuación, sécalo bien con
un trapo limpio. Reserva 2 ramitas. Guarda el resto
en una fiambrera hermética entre dos hojas de
papel de cocina. Así, podrás conservar la albahaca
en la nevera durante 1 semana.

2 Prepara las cebollas tiernas. Quita la parte fea del
tallo verde, los filamentos que hay debajo del bulbo
y la primera capa de cada cebolla tierna. Reserva
la mitad y guarda la otra mitad en una fiambrera
hermética.

3 El arroz con tomate (comienzo). Corta en juliana
las cebollas tiernas que habías separado. En
una cazuela o una sartén, calienta 2 cucharadas

soperas de aceite de oliva, añade la cebolla en juliana, 1 cucharadita de sal, 1 hoja de laurel y 1 cucharada sopera de romero seco. Póchalo con la tapa puesta durante 15 minutos. Mientras tanto, corta transversalmente la parte de arriba de los tomates para rellenar y, con mucha delicadeza, quita la pulpa. Córtala en daditos. Agrégalos a la cazuela con 2 dientes de ajo pelados, pero enteros. Cuécelo a fuego medio, sin poner la tapa, durante 15 minutos más.

4 Los pimientos asados. Precalienta el horno con el programa de *grill*. (Si crees que hace demasiado calor para encender el horno, también puedes cocinar los pimientos a la plancha o al vapor.) Corta por la mitad los 3 pimientos rojos y 2 amarillos. Quita el pedúnculo y las semillas. Dispón los pimientos en una bandeja para el horno, bien apretados, con la parte abombada hacia arriba.

5 Los calabacines asados. Pela y pica 2 dientes de ajo. Lava los calabacines y córtalos en 4 trozos. Vuelve a cortar cada rodaja por la mitad longitudinalmente. Ponlos junto a los pimientos y sazónalo con ajo picado, un chorrito de aceite de oliva y sal. Hornéalo durante 30 minutos.

6 El arroz con tomate (continuación). Añade a la cazuela el arroz semiintegral sin lavar, 1 pastilla de caldo de verduras y 60 cl de agua. Cuécelo a fuego medio, sin poner la tapa, durante 15 minutos, removiendo de vez en cuando. Vierte un poco más de agua si se absorbe toda. Al final de la cocción, el arroz debe quedar un poco firme.

7 El gazpacho amarillo. Pela el pimiento amarillo restante y córtalo en trozos grandes. Ponlo en el vaso del robot de cocina. Corta los 500 g de tomates amarillos en trozos grandes. Pela el pepino y añade la mitad al vaso del robot de cocina, con los tomates cortados. Agrega ½ diente de ajo, ½ cucharadita de sal, un poco de pimienta y 1 cucharada sopera de aceite de oliva. Tritúralo bien y viértelo en una botella de cristal.

8 Los dados de pepino. Corta en daditos la mitad restante del pepino y guárdalo en una fiambrera hermética (para la ensalada de garbanzos del jueves).

9 Los huevos duros. Pon a hervir una olla pequeña de agua para cocer los huevos durante 10 minutos.

10 Los tomates rellenos. Pica 1 de las 2 ramitas de albahaca que habías reservado. Corta la mitad de los dados de *feta* en daditos más pequeños. Ponlo en una ensaladera y añade ⅓ del arroz con tomate cocido (sin los dientes de ajo). Mézclalo bien, rellena los tomates con esta mezcla y vuelve a ponerles la parte de arriba. Coloca los tomates rellenos en una bandeja para el horno y hornéalos durante 15 minutos en el horno precalentado a 190 °C (t. 6) con la función del ventilador. (Si crees que hace demasiado calor para encender el horno, puedes dejar este último paso para el miércoles, o incluso cocerlos al vapor.)

11 La vinagreta. Lava el robot de cocina. Exprime el limón. En el vaso del robot de cocina, pon los tomates secos, el medio diente de ajo restante,

el zumo de limón, un poco de sal y de pimienta, la ramita de albahaca restante, 30 g de agua y 10 cucharadas soperas de aceite de oliva. Tritúralo bien hasta que la salsa tenga una textura uniforme. Guárdala en una pequeña fiambrera hermética.

12 Los pimientos asados (continuación). Cuando se hayan enfriado, quítales la piel y córtalos en tiras. Guárdalos en una pequeña fiambrera hermética con 2 cucharadas soperas de aceite de oliva y un poco de sal.

¡Todo listo! Deja que se enfríe.

Guarda en la nevera
- ✳ el arroz con tomate, en la misma cazuela o sartén, con la tapa puesta (se conserva entre 1 y 2 días);
- ✳ los huevos duros (se conservan durante 5 días);
- ✳ el gazpacho amarillo (se conserva durante 2 días);
- ✳ los tomates rellenos, tapados con papel film (se conservan durante 3 días);
- ✳ los calabacines asados (se conservan durante 5 días);
- ✳ los pimientos asados (se conservan durante 5 días);
- ✳ las cebollas tiernas (se conservan durante 1 semana);
- ✳ la *feta* restante (se conserva durante 5 días);
- ✳ los dados de pepino (se conservan durante 5 días);
- ✳ la albahaca lavada (se conserva durante 1 semana);
- ✳ la vinagreta (se conserva durante 5 días);
- ✳ el concentrado de tomate restante (se conserva durante 3 días).

Lunes

Arroz con tomate y huevo duro

Tiempo de recalentamiento:
10 minutos

Ingredientes: el arroz con tomate, los huevos duros y 1 ramita de albahaca

Pon a hervir 20 cl de agua. Viértela en la cazuela del arroz con tomate y caliéntalo a fuego medio durante 5 minutos. Espolvoréalo con albahaca picada y sírvelo con los huevos duros.

Tiempo de preparación:
10 minutos
Tiempo de cocción:
10 minutos

Martes

**Entrante
Gazpacho amarillo**

**Plato principal
Sándwich caliente
de tomate, *mozzarella*
y aguacate**

Ingredientes: el gazpacho amarillo, unas cuantas hojas de albahaca, sal, pimienta y aceite de oliva; 8 rebanadas grandes de pan de molde, 2 tomates de rama, 2 aguacates, una bola grande de *mozzarella*, 1 ramita de albahaca y aceite de oliva
Entrante: Agita bien la botella del gazpacho amarillo. Sírvelo en vasos grandes o en cuencos, ligeramente salpimentado, con 2 gotitas de aceite de oliva y espolvoreado con hojas de albahaca.
Plato principal: Unta las rebanadas de pan de molde con aceite de oliva (idealmente, con un pincel de cocina). Pon 4 rebanadas en una sartén grande o en una plancha. Dóralas a fuego medio durante 5 minutos. Mientras tanto, corta los tomates y los aguacates en dados. Corta la *mozzarella* en lonchas finas. Quita el pan de la sartén o de la plancha y pon las otras 4 rebanadas. Reparte entre las rebanadas calientes la *mozzarella* y, a continuación, los dados de tomate y de aguacate. Espolvoréalo con albahaca picada, salpimiéntalo, coloca otra rebanada encima y aprieta un poco. Pon el sándwich en la sartén durante 5 minutos más para que se acabe de dorar. Córtalo por la mitad, en diagonal, y sírvelo.

Estas indicaciones son las ideales si has preparado el menú para cenar en casa. Pero si has cocinado para comer al día siguiente en el trabajo, en general bastará con que ultimes la preparación la noche antes y calientes la comida en el microondas de la oficina.

Tiempo de recalentamiento:
10 minutos

Miércoles

**Tomates rellenos
de arroz y *feta***

Ingredientes: los tomates rellenos de arroz y *feta*, la mitad
de la rúcula y ¼ de la vinagreta
Precalienta el horno a 180 °C (t. 6) y hornea los tomates
rellenos durante 10 minutos. Si crees que hace demasiado
calor para encender el horno, puedes calentarlos
(o cocerlos) al vapor. Sírvelos acompañados de un poco
de rúcula aderezada con la vinagreta.

Jueves

**Ensalada
de garbanzos
y calabacín asado**

Tiempo de preparación:
10 minutos

Ingredientes: 1 tarro grande de garbanzos hervidos,
los calabacines asados, 1 tarro pequeño de maíz, 3 tomates
de rama, 2 cebollas tiernas, los dados de pepino, el resto de la *feta*
y de la vinagreta
Corta los tomates en dados. Pica 2 cebollas tiernas. En una
ensaladera, mezcla los garbanzos lavados y escurridos con
todos los ingredientes de la ensalada y la vinagreta.

Tiempo de preparación:
10 minutos
Tiempo de cocción:
10 minutos

Viernes

**Entrante
Tomate y *mozzarella*
a mi manera**

**Plato principal
Pizza de *ricotta*
y pimientos asados**

Ingredientes: 700 g de tomates de varios colores, 1 bola grande de
mozzarella, 1 aguacate, 2 cebollas tiernas pequeñas,
la albahaca restante, las aceitunas negras y aceite de oliva; 2 masas
para pizza, los pimientos asados, la *ricotta*, el resto de la rúcula y de las
cebollas tiernas y orégano
Entrante: Corta los tomates y la *mozzarella* en rodajas. Corta el
aguacate en láminas. Corta las aceitunas negras en 4 trozos. Corta
las cebollas tiernas en juliana. Sírvelo todo en un gran plato hondo,
salpimiéntalo, sazónalo con aceite de oliva y hojas de albahaca.
Plato principal: Precalienta el horno a 210 °C (t. 7). Desenrolla la (o
las) masa(s) de la pizza y úntala(s) con la *ricotta* dejando 2 cm libres
en los bordes. Reparte las tiras de pimiento asado y la cebolla en
juliana, espolvoréalo con orégano seco y hornéalo entre 10 y 15
minutos. Corta la pizza en trozos y sírvela acompañada de rúcula.

Otoño

Menú #1

Cesta de la compra Menú #1

Lista de la compra Menú #1

Verduras / Fruta

* 1 pimiento rojo
* 2 zanahorias
* 1 kg de calabaza *potimarron* u *hokkaido*
* 6 calabacines (1,2 kg aproximadamente)
* 1 brócoli grande
* 1 calabaza cacahuete (1 kg aproximadamente)
* 1 bolsita de ensalada mézclum (que no caduque hasta dentro de 5 o 6 días)
* 1 bolsa de brotes de espinaca (unos 200 g)
* 1 manojo de cilantro
* 4 cebollas amarillas
* 1 diente de ajo

Frescos

* 6 huevos
* 1 paquete pequeño de *feta*
* 20 cl de nata fresca
* 50 g de mantequilla
* 125 g de queso fresco de oveja o de *ricotta*
* 1 bolsita de *mozzarella* rallada (unos 150 g)
* 1 paquete de lasaña fresca (entre 8 y 12 hojas)

Despensa básica

* aceite de oliva
* aceite de coco
* vinagre de sidra
* mostaza
* 1 pastilla de caldo de verduras
* 1 monodosis de azafrán (opcional)
* canela
* nuez moscada
* curri indio
* comino
* miel
* sal y pimienta

Varios

* 150 g de lentejas rojas
* 1 tarro de garbanzos hervidos (unos 700 g)
* 100 g de polenta
* 250 g de *bulgur* o de sémola de trigo
* 1 lata de leche de coco (40 cl)
* 40 g de almendras peladas
* 40 g de pasas
* 1 tarro de tomate triturado (unos 40 cl)
* 25 cl de salsa de tomate
* 2 cucharadas soperas de pasta de curri rojo

Lunes

Entrante
Crema de lentejas rojas
con curri

Plato principal
Frittata de calabaza
potimarron y calabacín

Martes

Calabacín confitado
y *bulgur* con almendras

Miércoles

Curri rojo de garbanzos
con pimiento y brócoli

Jueves

Entrante
Sopa de tres calabazas

Plato principal
Polenta crujiente
con brócoli

Viernes

Lasaña de calabaza
cacahuete y espinacas

<u>Antes de empezar</u>

1) Si tienes suficiente espacio, saca todos los ingredientes que vas a utilizar en la sesión de cocina, menos la ensalada mézclum, el tarro de garbanzos hervidos, el *bulgur* (o la sémola de trigo), el tarro de tomate triturado y la pasta de curri rojo. Así lo tendrás todo a mano y no perderás tiempo buscando los ingredientes en los armarios y la nevera.

2) Saca también todos los utensilios necesarios:
   * 1 bandeja para el horno
   * 1 cuenco grande
   * 1 olla grande
   * 2 ollas medianas
   * 1 sartén
   * 1 colador
   * 1 escurridor de ensalada o 1 trapo limpio
   * 1 bandeja rectangular
   * 1 batidora de mano
   * 1 robot de cocina
   * 1 cazuela o 1 sartén con tapa
   * 1 bandeja para gratinar (para la lasaña)
   * 1 molde de pastel redondo (para la *frittata*)
   * 6 fiambreras: 1 grande (para el cilantro), 1 mediana (para el brócoli y el pimiento rojo), 3 pequeñas (para la vinagreta, las almendras y las pipas de calabaza) y 1 botella de 1,5 l (para congelar la sopa)
   * papel film y papel de cocina

<u>¡A cocinar durante 2 horas y 10 minutos!</u>

1 <u>Lava el cilantro</u>. Sumerge el manojo de cilantro en abundante agua fría. Déjalo en remojo durante algunos minutos y, a continuación, sécalo bien con un trapo limpio o con un escurridor de ensalada. Guárdalo en una fiambrera hermética entre dos hojas de papel de cocina. Así, podrás conservar el cilantro en la nevera durante 1 semana.

2 <u>Cuece la calabaza cacahuete</u>. Precalienta el horno a 180 °C (t. 6). Corta la calabaza cacahuete longitudinalmente en 2 trozos y guarda las semillas. Ponlas en un colador. Coloca las 2 mitades de la calabaza en una bandeja para el horno, sazónalas con un chorro de aceite de oliva, sal y pimienta, y ásalas durante 45 minutos en la parte de arriba del horno.

3 Las verduras para la *frittata*. Unta con abundante aceite de oliva el molde de pastel. Quita las semillas de la calabaza *potimarron* y añádelas a las del colador. Pela la calabaza, corta la mitad en daditos y la otra mitad en trozos grandes. Reparte los trocitos por el molde. Pon los otros trozos en una olla grande (para la sopa). Corta 2 calabacines longitudinalmente en 4 trozos. Corta la pulpa y añádelo a la olla con la calabaza para la sopa. Corta el resto de los calabacines en daditos y agrégalos al molde. Mezcla bien las verduras, échales sal y ásalas en la parte de abajo del horno durante 40 minutos.

4 Las semillas de calabaza. Pon a hervir una olla mediana de agua. Con el colador, lava las semillas de calabaza bajo el chorro de agua fría. Sumérgelas en el agua hirviendo 2 minutos y escúrrelas. Sécalas sobre papel de cocina.

5 La crema de lentejas rojas con curri. Pon a hervir 1 l de agua con sal. Lava las lentejas rojas. Pela las zanahorias y córtalas en rodajas. Parte el pimiento por la mitad, quita las semillas y córtalo en daditos. Pela las cebollas amarillas y córtalas en juliana. Cuando el agua borbotee, vierte las lentejas rojas, la mitad de las rodajas de zanahoria, la mitad de los dados de pimiento, ¼ de la cebolla en juliana y 1 cucharadita de curri. Cuécelo durante 20 minutos, añade 2 cucharadas soperas de leche de coco y tritúralo con una batidora de mano. Guarda la crema de lentejas rojas con curri en la misma olla. Añade las rodajas de zanahoria restantes a la olla grande para la sopa de tres calabazas.

6 El calabacín confitado. Corta el resto de los calabacines en trozos de 5 cm y vuelve a cortar cada uno longitudinalmente en 4 trozos más. En una sartén o una cazuela, pon los calabacine

y ⅔ de la cebolla en juliana restante. Vierte agua hasta que las verduras queden cubiertas. Añade las pasas, 50 g de mantequilla en virutas, 2 cucharadas soperas de miel, 1 monodosis de azafrán, ½ cucharadita de comino, ½ cucharadita de canela y 1 pellizco de nuez moscada. Salpimiéntalo en abundancia y ponlo a hervir. Cuécelo durante 40 minutos, sin remover ni poner la tapa.

7 La sopa de tres calabazas. En la olla con la calabaza *potimarron*, la pulpa del calabacín y la zanahoria, vierte 1 l de agua y añade sal. Ponla a hervir durante 20 minutos.

8 La *frittata* de calabaza *potimarron* y calabacín. En un cuenco grande, casca los 6 huevos y bátelos con la mitad de la nata fresca, 1 cucharadita de sal, un poco de pimienta y 1 pellizco de nuez moscada. Corta la *feta* en daditos y repártela por encima de las verduras asadas. A continuación, vuelca encima

la mezcla con los huevos y la nata fresca y hornéalo durante 30 minutos en la parte de abajo del horno.

9 El relleno de la lasaña. En el vaso de un robot de cocina, pon la pulpa de la mitad de la calabaza cacahuete. Añade el queso de oveja fresco (o la *ricotta*), 1 pellizco de nuez moscada, ½ cucharadita de sal y un poco de pimienta. Tritúralo hasta que tenga una consistencia de puré. En una sartén, calienta 1 cucharada sopera de aceite de oliva, añade el resto de la cebolla en juliana, ½ cucharadita de sal y el diente de ajo picado. Agrega los brotes de espinaca y póchalo durante 10 minutos. Vierte 2 cucharadas soperas de nata fresca.

10 Prepara la lasaña. En una bandeja para gratinar, vierte la mitad de la salsa de tomate y luego pon una capa de hojas de lasaña. A continuación, ve alternando capas de puré de calabaza cacahuete con la mezcla que contiene espinacas. Encima

13 La polenta. Lava la olla y ponla a hervir con 50 cl de agua, 1 pastilla de caldo de verduras y 1 pellizco de sal. Unta con aceite de oliva una bandeja rectangular. Cuando el agua empiece a hervir, vierte la polenta poco a poco. Cuécela a fuego suave, sin dejar de remover, hasta que cuaje (durante unos 5 minutos). Vuélcala en la bandeja y reparte el brócoli restante, hundiéndolo en la polenta. Tápalo con film.

14 La vinagreta. En una pequeña fiambrera hermética, mezcla 2 cucharadas soperas de mostaza, 1 cucharadita de sal y 4 cucharadas soperas de vinagre. Añade, poco a poco, 8 cucharadas soperas de aceite de oliva y 4 cucharadas soperas de agua.

15 Las almendras y las semillas de calabaza. Esparce las semillas de calabaza en una bandeja y hornéalas durante 5 minutos para que se sequen. Ponlas en un cuenco y sazónalas con 1 cucharadita de aceite de oliva y un poco de sal. Hornéalas de nuevo, durante 15 minutos: primero, pon las almendras al lado y, a media cocción, mézclalas.

¡Todo listo! Deja que se enfríe.

Guarda en la nevera
  * la crema de lentejas rojas con curri, en la misma olla, con la tapa puesta (se conserva durante 3 días);
  * la *frittata* de calabaza *potimarron* y calabacín, tapada con papel film (se conserva durante 3 días);
  * los calabacines confitados, en la misma sartén, con la tapa puesta (se conservan durante 3 días);
  * los ramilletes de brócoli y los dados de pimiento (se conservan durante 4 días);
  * la polenta con brócoli (se conserva durante 4 días);
  * la vinagreta (se conserva durante 1 semana);
  * el cilantro lavado (se conserva durante 1 semana);
  * la leche de coco restante (se conserva durante 3 días).

Guarda en el congelador
  * la sopa de tres calabazas;
  * la lasaña de calabaza cacahuete y espinacas.

Deja fuera
  * las almendras y las semillas de calabaza tostadas.

de todo, pon una capa de pasta de lasaña y otra de salsa de tomate. Espolvoréalo con el paquete de *mozzarella* rallada. Salpimiéntalo y añade un chorrito de aceite de oliva. Hornéalo durante 30 minutos en la parte de arriba del horno.

11 La sopa de tres calabazas (final). Quita la pulpa de la otra mitad de la calabaza cacahuete y añádela a la olla de la sopa. Vierte el resto de la nata fresca y tritúralo bien. Vuélcalo en una botella de cristal apta para el congelador, dejando un poco de vacío.

12 Cuece el brócoli. Pon a hervir una olla mediana de agua con sal. Corta el brócoli en ramilletes pequeños. Cuécelo durante 4 minutos en el agua hirviendo, sin poner la tapa, escúrrelo y ponlo debajo del chorro de agua fría. Guarda la mitad del brócoli hervido en una fiambrera mediana y añade el resto de los dados de pimiento crudo (para el curri de garbanzos).

Soupe aux
3 courges

Lunes

Entrante
Crema de lentejas rojas con curri

Plato principal
Frittata de calabaza *potimarron* y calabacín

Tiempo de recalentamiento:
entre 10 y 15 minutos

Ingredientes: la crema de lentejas rojas con curri y 4 ramitas de cilantro; la *frittata* de calabaza *potimarron* y calabacín
Entrante: Calienta la crema a fuego suave, durante 10 minutos, removiendo de vez en cuando. Antes de servirla, espolvoréala con cilantro picado.
Plato principal: Calienta la *frittata* entre 10 y 15 minutos en el horno precalentado a 190 °C (t. 6).

Tiempo de recalentamiento:
15 minutos
Tiempo de preparación:
5 minutos

Martes

Calabacín confitado y *bulgur* con almendras

Ingredientes: el calabacín confitado, 250 g de *bulgur* o de sémola de trigo, las almendras tostadas y 4 ramitas de cilantro
Calienta el calabacín confitado en la misma cazuela, a fuego suave, con la tapa puesta y sin remover, durante 15 minutos. Mientras tanto, prepara el *bulgur* siguiendo las indicaciones del paquete. Sirve el calabacín con el *bulgur*, espolvoreado con cilantro picado y almendras tostadas.

Miércoles

Curri rojo de garbanzos con pimiento y brócoli

Tiempo de cocción:
15 minutos

Ingredientes: 1 tarro grande de garbanzos hervidos, la leche de coco restante, 2 cucharadas soperas de pasta de curri rojo, 1 tarro de tomate triturado, la fiambrera con el brócoli hervido y los dados de pimiento rojo crudo y 2/3 del cilantro restante
En una sartén, derrite la pasta de curri rojo con 1 cucharada sopera de aceite de coco durante 2 minutos. Añade los dados de pimiento y dóralos durante 2 minutos más. Vierte el tomate triturado y ½ cucharadita de sal y cuécelo durante 10 minutos más, con la tapa puesta. Agrega la leche de coco, los garbanzos escurridos y el brócoli. Alarga la cocción durante 2 minutos más, a fuego vivo. Sírvelo espolvoreado con cilantro picado.
Para el jueves, saca del congelador la sopa de tres calabazas y déjala en la nevera.

Tiempo de preparación:
5 minutos
Tiempo de recalentamiento y de cocción:
10 minutos

Jueves

Entrante
Sopa de tres
calabazas

Plato principal
Polenta crujiente
con brócoli

Ingredientes: la sopa de tres calabazas descongelada y las semillas de calabaza tostadas; la polenta crujiente con brócoli, la mitad de la ensalada mézclum y la mitad de la vinagreta

Entrante: Calienta la sopa de tres calabazas a fuego medio durante 10 minutos, removiendo de vez en cuando. Sírvela espolvoreada con semillas de calabaza.

Plato principal: Desmolda la polenta crujiente con brócoli y córtala en pedazos rectangulares. En una sartén, calienta 3 cucharadas soperas de aceite de oliva y dora a fuego vivo los trozos de polenta durante 5 minutos por cada lado. Sírvela acompañada de la mitad de la ensalada mézclum aderezada con la vinagreta. Para el viernes, saca del congelador la lasaña de calabaza y espinacas y déjala en la nevera.

Viernes

Lasaña de calabaza
cacahuete y espinacas

Tiempo de recalentamiento:
entre 10 y 15 minutos

Ingredientes: la lasaña de calabaza cacahuete y espinacas descongelada, el resto de la ensalada mézclum, de la vinagreta y del cilantro

Precalienta el horno a 190 °C (t. 6) y calienta la lasaña de calabaza y espinacas entre 10 y 15 minutos. Sírvela acompañada de la ensalada mézclum y la vinagreta, espolvoreada con cilantro picado.

Estas indicaciones son las ideales si has preparado el menú para cenar en casa. Pero si has cocinado para comer al día siguiente en el trabajo, en general bastará con que ultimes la preparación la noche antes y calientes la comida en el microondas de la oficina.

Menú #2

Verduras / Fruta

* 4 boniatos grandes (unos 2 kg)
* 3 berenjenas grandes
* 3 pimientos rojos
* 2 zanahorias
* 1 pepino pequeño
* 500 g de champiñones muy frescos
* 1 ramita de tomates *cherry*
* 4 puerros
* 1 limón pequeño
* 2 dientes de ajo
* 1 chalota

Despensa básica

* aceite de oliva
* 1 pastilla de caldo de verduras
* romero
* 1 hoja de laurel
* orégano
* comino
* sal y pimienta

Frescos

* 2 bolsitas de *mozzarella* rallada (de unos 150 g cada una)
* 100 g de parmesano rallado
* 150 g de queso fresco con ajo y finas hierbas
* entre 200 y 250 g de picada vegetal (de soja) o 2 hamburguesas veganas
* 1 masa de pizza grande (de 400 g) o 2 pequeñas
* 50 g de mantequilla

Varios

* 1 tarro pequeño de garbanzos hervidos (unos 400 g)
* 200 g de lentejas verdinas
* 400 g de pasta *risoni* (en forma de granos de arroz) o, en su defecto, de coditos
* 1 cucharada sopera de *tahin*
* 1 tarro grande de salsa de tomate natural (unos 40 cl)
* 1 tarro pequeño de salsa de tomate natural (unos 20 cl)
* 12 aceitunas negras sin hueso

Lunes

Entrante
Crema de boniato
y pimiento

Plato principal
Canelones
de berenjena gratinados

Martes

**Boniatos rellenos
de queso con ajo
y finas hierbas sobre
un lecho de puerros
salteados**

Miércoles

Parmigiana
de berenjenas
con lentejas

Jueves

Entrante
Humus de pimientos
asados

Plato principal
Risotto de *risoni*
con champiñones

Viernes

**Pizza de champiñones,
tomate, queso
y aceitunas**

Preparación Menú #2

Antes de empezar

1) Si tienes suficiente espacio, saca todos los ingredientes que vas a utilizar en la sesión de cocina, menos los champiñones, los tomates *cherry*, la chalota, 1 bolsita de *mozzarella* rallada, el queso fresco con ajo y finas hierbas, la masa de pizza, la mantequilla, la pasta, 20 cl de salsa de tomate y las aceitunas. Así lo tendrás todo a mano y no perderás tiempo buscando los ingredientes en los armarios y la nevera.

2) Saca también todos los utensilios necesarios:
   * 1 cuenco grande
   * 2 bandejas para el horno
   * 2 bandejas rectangulares para gratinar (1 grande y 1 mediana)
   * 1 olla grande
   * 1 sartén grande con tapa
   * 1 robot de cocina
   * 1 exprimidor de cítricos
   * 2 fiambreras: 1 grande (para los puerros asados) y 1 mediana (para los bastoncitos de *crudités*)
   * 1 cuenco para servir el humus
   * papel film y papel de aluminio

¡A cocinar durante 1 hora y 40 minutos!

1 Asa los boniatos. Precalienta el horno a 200 °C (t. 6-7). Lava los boniatos y envuélvelos uno a uno con papel de aluminio. Ponlos en una bandeja para el horno y ásalos en la parte de abajo del horno durante 1 h y 20 minutos.

2 Asa los pimientos rojos. Corta los pimientos por la mitad, quítales las semillas y ponlos en una bandeja para el horno, con la piel hacia arriba. Ásalos en la parte de arriba del horno, durante 30 minutos, hasta que la piel esté tostada. Deja que se enfríen.

3 <u>Saltea los puerros</u>. Lava bien los puerros y córtalos en láminas muy finas. En una sartén, calienta 2 cucharadas soperas de aceite de oliva, añade los puerros y 1 cucharadita de sal. Sofríelos a fuego medio, con la tapa puesta, durante 20 minutos, hasta que queden tiernos.

4 <u>Cuece las lentejas verdinas</u>. Pon a hervir una olla grande de agua sin sal, con 1 hoja de laurel. Hierve las lentejas durante 25 minutos y escúrrelas.

5 <u>Los bastoncitos de *crudités* para el humus</u>. Pela las 2 zanahorias y el pepino pequeño y córtalos en bastoncitos. Guárdalos en una fiambrera hermética.

6 <u>Precuece las berenjenas</u>. Corta las berenjenas longitudinalmente, en láminas de 2 cm de grosor.

Ponlas en la bandeja para el horno donde estaban los pimientos rojos (superpuestas, si es necesario). Sazónalas con aceite de oliva, sal y romero. Hornéalas durante 20 minutos.

7 <u>El humus de pimientos asados</u>. Quita la piel de los pimientos asados. En el vaso de un robot de cocina, pon 4 mitades de pimientos asados, el tarro de garbanzos hervidos una vez escurridos, el zumo del limón, 1 cucharada sopera de *tahin*, 1 diente de ajo pelado sin el germen, 1 cucharadita de comino y 1 cucharada sopera de sal. Tritúralo bien, añadiendo poco a poco 3 cucharadas soperas de aceite de oliva. Viértelo en un cuenco bonito para servir y tápalo con papel film. No hace falta que laves el robot de cocina.

8 <u>Los canelones de berenjenas</u>. En una bandeja para gratinar mediana, vierte 10 cl de salsa de tomate y un pellizco de sal. Elige las láminas de berenjena asada más bonitas. Pon 1 cucharada sopera de picada vegetal de soja (o de hamburguesa vegana chafada con un tenedor) en la parte más pequeña de cada lámina de berenjena y enróllala sobre sí misma. Coloca los rollitos, bien apretados, en la bandeja para gratinar. Espolvoréalos con la mitad del paquete de *mozzarella* rallada, un pellizco de sal y un chorrito de aceite de oliva. Hornéalo durante 15 minutos.

9 *Parmigiana* <u>de berenjenas con lentejas</u>. En una bandeja para gratinar grande, vierte la salsa de tomate restante (30 cl), ½ diente de ajo picado y ½ cucharadita de sal. Añade las lentejas verdinas hervidas y el resto de las berenjenas asadas. Cúbrelo con la mitad restante del paquete de *mozzarella* y con 60 g de parmesano. Hornéalo durante 25 minutos.

10 <u>La crema de boniato y pimiento</u>. Cuando los boniatos se hayan enfriado, pártelos por la mitad. Con una cucharita, quita aproximadamente la mitad

de la carne de cada medio boniato y ve poniéndola en el vaso del robot de cocina. Añade el resto de los pimientos asados y el medio diente de ajo restante. Vierte 1 l de agua, sal y pimienta. Tritúralo bien y vuélcalo en una fiambrera hermética o en una olla con tapa. Guarda los boniatos partidos por la mitad y medio vaciados en el papel de aluminio con el que los has asado (o en un trozo nuevo si se había pegado demasiado) y ciérralos bien.

¡Todo listo! Deja que se enfríe.

Guarda en la nevera

* la crema de boniato y pimiento (se conserva durante 3 días);
* los canelones de berenjena (se conservan durante 3 días);
* los boniatos partidos por la mitad, medio vaciados (se conservan durante 3 días);
* los puerros salteados (se conservan durante 4 días);
* la *parmigiana* de berenjenas con lentejas (se conserva durante 4 días);
* el humus de pimientos asados (se conserva durante 4 días);
* los bastoncitos de *crudités* (se conservan durante 1 semana);
* el resto del parmesano.

Lunes

Entrante
Crema de boniato y pimiento

Plato principal
Canelones de berenjena gratinados

Tiempo de recalentamiento:
entre 10 y 15 minutos

Ingredientes: la crema de boniato y pimiento; los canelones de berenjena gratinados
Entrante: Calienta la crema a fuego suave durante 10 minutos.
Plato principal: Calienta los canelones de berenjena gratinados en el horno precalentado a 190 °C (t. 6) entre 10 y 15 minutos.

Tiempo de recalentamiento:
10 minutos

Martes

Boniatos rellenos de queso con ajo y finas hierbas sobre un lecho de puerros salteados

Ingredientes: las 8 mitades de boniato asado, el queso con ajo y finas hierbas y los puerros salteados
Precalienta el horno a 200 °C (t. 6-7). Rellena las 8 mitades de boniato asado con el queso con ajo y finas hierbas; hornéalo durante 10 minutos. Mientras tanto, calienta los puerros salteados. Sírvelos formando un lecho en cada plato y, encima, dispón 2 mitades de boniato relleno de queso con ajo y finas hierbas.

Miércoles

Parmigiana de berenjenas con lentejas

Tiempo de recalentamiento:
entre 10 y 15 minutos

Ingredientes: la *parmigiana* de berenjenas con lentejas
Calienta la *parmigiana* de berenjenas con lentejas en el horno precalentado a 190 °C (t. 6) entre 10 y 15 minutos.

Jueves

Tiempo de preparación:
2 minutos
Tiempo de cocción:
15 minutos

Entrante
Humus de pimientos asados

Plato principal
Risotto de *risoni* con champiñones

Ingredientes: el humus de pimientos asados y los bastoncitos de zanahoria y de pepino; 400 g de pasta (*risoni* o coditos), 300 g de champiñones, 1 pastilla de caldo de verduras, 1 chalota, 50 g de mantequilla y 40 g de parmesano
Entrante: Sirve el humus de pimientos asados con los bastoncitos de zanahoria y de pepino, para untar.
Plato principal: Pon a hervir 1,5 l de agua con la pastilla de caldo de verduras. Pela y pica la chalota y corta los champiñones en láminas. En una cazuela pequeña, derrite 25 g de mantequilla y agrega la chalota picada y los champiñones laminados. Póchalo durante 3 minutos, vierte la pasta y deja que se dore durante 1 minuto. Vierte 1 cucharón del caldo caliente y ve añadiendo caldo a medida que la pasta lo absorba, durante unos 10 minutos. Agrega el resto de la mantequilla y el parmesano y salpimiéntalo antes de servir.

Tiempo de preparación:
5 minutos
Tiempo de cocción:
10 minutos

Viernes

Pizza de champiñones, tomate, queso y aceitunas

Ingredientes: 1 masa grande de pizza o 2 masas pequeñas, 25 cl de salsa de tomate, 1 rama de tomates *cherry*, 150 g de *mozzarella* rallada, 200 g de champiñones, 12 aceitunas negras y orégano
Precalienta el horno a 210 °C (t. 7). Mientras tanto, corta los champiñones en láminas y parte los tomates *cherry* por la mitad. Desenrolla la(s) masa(s) de pizza y extiende por encima la salsa de tomate, dejando 2 cm libres en el borde. Reparte los champiñones, los tomates *cherry*, las aceitunas, la *mozzarella* rallada y el orégano. Hornea la(s) pizza(s) durante 10 minutos.

Estas indicaciones son las ideales si has preparado el menú para cenar en casa. Pero si has cocinado para comer al día siguiente en el trabajo, en general bastará con que ultimes la preparación la noche antes y calientes la comida en el microondas de la oficina.

Menú #3

Cesta de la compra Menú #3

Lista de la compra Menú #3

Verduras / Fruta

* 1 manojo de berros
* 1 puerro
* 2 zanahorias
* 3 patatas blancas
* 1 lechuga pequeña
* 1 kg de boniato
* 2 pepinos
* 1 tomate grande
* 500 g de champiñones
* 1 limón
* 2 aguacates grandes (1 para el miércoles y 1 para el viernes)
* 1 manojo de cilantro
* 2 cm de jengibre (o 1 cucharada sopera de jengibre picado congelado)
* 2 dientes de ajo
* 1 cebolla morada pequeña
* 1 cebolla amarilla

Frescos

* 1 paquete pequeño de *feta* (unos 150 g)
* 1 paquete de queso para hamburguesa (unas 8 lonchas)

Varios

* 4 panecillos para hamburguesa
* 400 g de lentejas rojas
* 1 tarro pequeño de garbanzos hervidos
* 1 tarro de tomates pelados (500 g)
* 50 g de pan rallado
* 400 g de arroz blanco
* 4 cucharadas soperas de crema de almendras blancas
* 6 cucharadas soperas de semillas de lino

Despensa básica

* aceite de oliva
* aceite neutro
* aceite de coco (opcional)
* mostaza
* pimentón (opcional)
* comino
* curri indio
* cúrcuma
* 2 hojas de laurel
* sal y pimienta

Lunes

**Hamburguesa
de champiñones
con boniatos fritos**

Martes

**Entrante
Humus de lentejas
rojas**

**Plato principal
Sopa de berros, puerro
y patata**

Miércoles

**Entrante
Ensalada de garbanzos,
aguacate y *feta***

**Plato principal
Nuggets de verduras
con boniatos fritos y
ensalada**

Jueves

***Tarka dhal* (lentejas
rojas a la manera india)**

Viernes

**Tazón de Buda
de otoño**

Antes de empezar

1) Si tienes suficiente espacio, saca todos los ingredientes que vas a utilizar en la sesión de cocina, menos el tomate, los aguacates, la cebolla morada, la *feta*, el queso y los panecillos para hamburguesa, los garbanzos hervidos y el arroz. Así lo tendrás todo a mano y no perderás tiempo buscando los ingredientes en los armarios y la nevera.

2) Saca también todos los utensilios necesarios:

* 1 sartén grande
* 1 sartén pequeña
* 1 cazuela o 1 sartén
* 1 olla grande
* 1 olla mediana
* 1 batidora de mano
* 1 colador grande
* 1 espumadera
* 1 rallador (para el jengibre)
* 1 robot de cocina (para el humus y las hamburguesas de champiñones)
* 1 molinillo (para las semillas de lino)
* 1 escurridor de ensalada
* 1 trapo limpio

* 7 fiambreras: 2 muy grandes (para la lechuga y los boniatos fritos), 2 grandes (para el cilantro y los *nuggets*), 2 medianas (para las rodajas y los bastoncitos de pepino) y 1 pequeña (para la salsa de humus)
* 1 cuenco bonito para servir
* papel de cocina y papel film

¡A cocinar durante 2 horas y 10 minutos!

1 Lava el cilantro, la lechuga y los berros. Sumerge el manojo de cilantro en abundante agua fría. Déjalo en remojo durante algunos minutos y sécalo bien con un trapo limpio. Guárdalo en una fiambrera hermética entre papel de cocina. Así, podrás conservarlo en la nevera durante 1 semana. Separa las hojas de la lechuga y lávalas bien. Sécalas igual que las del cilantro o con la ayuda de una ensaladera. Guarda la lechuga en una fiambrera hermética entre papel de cocina. Así, podrás conservarla en la nevera durante 1 semana.

Corta los tallos duros de los berros. Sumerge las hojas en abundante agua fría y escúrrelas.

2 Los boniatos fritos. Pela los boniatos y córtalos como si fueran patatas fritas, en bastoncitos. Guárdalos en una fiambrera muy grande, vierte 4 cucharadas soperas de aceite de oliva, 1 cucharadita de sal y 1 cucharadita de especias (al gusto). Cierra la fiambrera y sacúdela para que el contenido se mezcle bien. Déjalo marinar en la nevera hasta que lo utilices el lunes.

3 La sopa de berros, puerro y patata. En una olla grande, pon a hervir 1,2 l de agua con sal. Pela 1 patata, córtala en 4 trozos y échalos en la olla. Lava el puerro, córtalo en juliana y agrégalo. Corta un poco los berros y añádelos a la olla. Cuécelo durante 20 minutos, añade 2 cucharadas soperas de crema de almendras y tritúralo bien, con una batidora de mano o un robot de cocina. Si la sopa queda fibrosa, cuélala.

4 Las lentejas rojas. Lava las lentejas rojas con agua tibia. Viértelas en una sartén o una cazuela y cúbrelas con 1,2 l de agua. Añade 1 cucharada sopera de sal, 1 cucharadita de curri indio, 1 cucharadita de cúrcuma, 1 hoja de laurel y el jengibre rallado. Hiérvelo durante 15 minutos con la tapa puesta.

5 Los *nuggets* de verduras. Pon a hervir una olla mediana de agua. Pela las 2 patatas restantes y las 2 zanahorias. Córtalas en trozos del mismo tamaño y hiérvelos durante unos 20 minutos, hasta que estén muy tiernos.

6 El pepino. Pela los 2 pepinos. Corta uno en bastoncitos y el otro en rodajas, que debes partir por la mitad. Guárdalos en dos fiambreras diferentes.

7 El humus de lentejas rojas. Cuando las lentejas lleven 15 minutos hirviendo, saca ⅓ con una espumadera, escurriéndolas bien. Ponlas en el vaso de un robot de cocina. Añade 3 cucharadas soperas de aceite de limón, 2 cucharadas soperas de crema de almendras, ½ diente de ajo y 2 cucharadas soperas de aceite de oliva. Tritúralo bien, hasta que la textura sea uniforme. Vierte ¾ del humus de lentejas rojas en un cuenco bonito para servir, recúbrelo con una capa muy fina de aceite de oliva para que no se seque y tápalo con papel film. Reserva el cuarto de humus restante en una pequeña fiambrera hermética (para la salsa del tazón de Buda). Lava el robot de cocina.

8 El *tarka dhal*. Corta los tomates enteros pelados en 4 trozos y añádelos a la sartén de las lentejas rojas con el jugo del tarro. Alarga la cocción durante 10 minutos más.

9 Las semillas de lino. Muélelas con el molinillo.

10 Los *nuggets* de verduras (continuación). Escurre bien las patatas y las zanahorias. Añádeles 1 cucharadita de sal, ½ cucharadita de pimentón (u otra especia) y la mitad de las semillas de sésamo molidas. Cháfalo con un tenedor. Con las manos, forma bolitas, aplánalas y rebózalas con pan rallado.

11 Las hamburguesas de champiñones. En una sartén grande, calienta un chorrito de aceite de oliva. Pela y pica la cebolla amarilla. Póchala con 1 cucharadita de sal. Mientras tanto, quita el pie de los champiñones y córtalos en daditos. Añádelos a la sartén y sofríelos durante 15 minutos, hasta que

hayan soltado toda el agua. Viértelos en el vaso del robot de cocina. Añade el resto de las semillas de lino molidas y el equivalente a 1 cucharón de lentejas rojas (quítalas con una espumadera). Tritúralo un poco (deben quedar trocitos). Con las manos, forma 4 hamburguesas vegetales del mismo diámetro que los panecillos. En la misma sartén, pon a calentar 2 cucharadas soperas de aceite de oliva y dora las hamburguesas durante 5 minutos por cada lado a fuego medio-suave.

12 Termina el *tarka dhal*. En una sartén pequeña, derrite 1 cucharada sopera de aceite de coco. Mientras tanto, pica el ajo restante. Vierte en el aceite caliente 1 cucharada sopera de comino, 1 hoja de laurel y el ajo picado. Deja que se tueste durante 30 segundos y, a continuación, vuélcalo en la sartén de las lentejas rojas y mézclalo bien.

¡Todo listo! Deja que se enfríe.

Guarda en la nevera
- ✱ las hamburguesas de champiñones (se conservan durante 2 días);
- ✱ los boniatos fritos (se conservan durante 3 días);
- ✱ la sopa de berros, puerro y patata, en la misma olla, tapada con un plato (se conserva durante 3 días);
- ✱ los *nuggets* de verduras (se conservan durante 4 días);
- ✱ el humus de lentejas rojas, en el cuenco y en la fiambrera pequeña (se conserva durante 5 días);
- ✱ el cilantro lavado (se conserva durante 1 semana);
- ✱ la lechuga lavada (se conserva durante 1 semana);
- ✱ los bastoncitos de pepino (se conservan durante 1 semana);
- ✱ las rodajas de pepino partidas por la mitad (se conservan durante 1 semana);
- ✱ el *tarka dhal*, en la misma sartén o cazuela, con la tapa puesta (se conserva durante 5 días);
- ✱ el limón restante (se conserva durante 1 semana).

Lunes

Hamburguesa de champiñones con boniatos fritos

Tiempo de preparación:
10 minutos
Tiempo de cocción:
15 minutos

Ingredientes: los panecillos para hamburguesa, 4 cucharaditas de mostaza, 4 hojas de lechuga, las hamburguesas de champiñones, las lonchas de queso para hamburguesa, 8 medias rodajas de pepino, 1 tomate, 1 cebolla morada pequeña y los boniatos fritos Precalienta el horno a 220 °C (t. 7). Pon los boniatos fritos en una bandeja para el horno y acaba de asarlos entre 10 y 15 minutos en la parte de arriba del horno. En otra bandeja para el horno, pon las hamburguesas de champiñones y los panecillos. Caliéntalos durante 5 minutos en la parte de abajo del horno. En la mesa, cada comensal puede montarse su hamburguesa untando 1 cucharadita de mostaza en el panecillo, añadiendo 1 hoja de lechuga, 1 hamburguesa, 2 lonchas de queso *cheddar*, 2 medias rodajas de pepino, un poco de cebolla en juliana y 2 rodajas de tomate. Sírvelo con la mitad de los boniatos fritos. <u>Guarda la otra mitad de los boniatos fritos en el congelador para las recetas de los próximos días</u>.

Tiempo de recalentamiento:
10 minutos

Martes

**Entrante
Humus de lentejas rojas**

**Plato principal
Sopa de berros, puerro y patata**

Ingredientes: el cuenco con el humus de lentejas rojas, los bastoncitos de pepino y 4 ramitas de cilantro; la sopa de berros, puerro y patata
Entrante: Pica el cilantro y espolvoréalo en el cuenco con el humus de lentejas rojas. Sírvelo acompañado de los bastoncitos de pepino, para untar.
Plato principal: En una olla, calienta la sopa de berros, puerro y patata a fuego suave, durante 10 minutos, removiendo de vez en cuando.

Estas indicaciones son las ideales si has preparado el menú para cenar en casa. Pero si has cocinado para comer al día siguiente en el trabajo, en general bastará con que ultimes la preparación la noche antes y calientes la comida en el microondas de la oficina.

Miércoles

Tiempo de cocción:
10 minutos

Entrante
Ensalada
de garbanzos,
aguacate y *feta*

Plato principal
***Nuggets* de verduras**
con boniatos fritos
(opcional) y ensalada

Ingredientes: el tarro de garbanzos hervidos, 1 aguacate maduro, la mitad de las medias rodajas de pepino, el paquete de *feta*, 10 ramitas de cilantro, el limón restante, aceite de oliva, sal y pimienta; los *nuggets* de verduras, el resto de la lechuga, la mitad de los boniatos fritos restantes (opcional) y aceite neutro

Entrante: En una ensaladera, vierte los garbanzos escurridos, la mitad del pepino, el aguacate en dados, la *feta* en dados y el cilantro picado. Añádele el zumo de limón, 4 cucharadas soperas de aceite de oliva, sal y pimienta, y mézclalo bien.

Plato principal: En una sartén, calienta 2 cucharadas soperas de aceite de oliva y dora los *nuggets* durante 5 minutos por cada lado. En la misma sartén o en el microondas, calienta algunos boniatos fritos (opcional). Sirve los *nuggets* acompañados de la lechuga y los boniatos fritos. Guarda el resto de los boniatos fritos para el tazón de Buda del viernes.

Tiempo de cocción y de recalentamiento:
15 minutos

Jueves

***Tarka dhal* (lentejas rojas a la manera india)**

Ingredientes: el *tarka dhal*, 400 g de arroz blanco y ¾ del cilantro restante

Lava el arroz y hiérvelo siguiendo las indicaciones del paquete. Calienta las lentejas rojas a la manera india en la misma sartén o cazuela a fuego suave, durante 15 minutos, removiendo de vez en cuando. Sírvelo con la mitad del arroz hervido, espolvoreado con cilantro picado. Guarda el resto del arroz hervido para el viernes.

Viernes

Tiempo de cocción:
10 minutos
Tiempo de preparación:
5 minutos

Tazón de Buda
de otoño

Ingredientes: el resto del pepino, de los boniatos fritos, del arroz, del cilantro y del humus de lentejas rojas y 1 aguacate maduro

Corta los boniatos fritos en dados. Caliéntalos con el arroz. Diluye el humus de lentejas rojas con 6 cucharadas soperas de agua muy caliente. Corta el aguacate en láminas. En cada cuenco, reparte el arroz, los dados de boniato frito, el pepino, el aguacate y el cilantro picado. Sazónalo con la salsa de lentejas rojas.

Menú #4

Verduras / Fruta

* 4 calabazas *potimarron* pequeñas (de unos 600 g por adulto y de unos 500 g por niño)
* 1 brócoli
* 2 kg de patatas blancas
* 1 coliflor mediana
* 1 bolsa de canónigos (unos 150 g; que no caduquen hasta dentro de 5 o 6 días)
* ¼ de repollo
* 2 zanahorias (o una bolsa de 250 g que no caduque hasta dentro de 4 o 5 días)
* 2 aguacates poco maduros (para el viernes)
* 2 peras muy firmes
* 1 naranja de mesa
* 2 endivias
* 1 limón ecológico pequeño
* 1 manojo de cebollino
* 1 chalota
* 1 diente de ajo

Frescos

* 2 quesos de cabra redondos
* 1 paquete de *cheddar* rallado (unos 150 g)
* 125 g de queso ahumado para *raclette* o ½ queso *reblochon*
* 25 cl de nata líquida
* 30 cl de nata fresca densa
* 4 huevos
* 200 g de tofu ahumado (opcional)

Varios

* 200 g de arroz blanco
* 1 tarro de judías blancas hervidas (unos 700 g una vez escurridas, o 300 g de tallarines)
* 80 g de nueces
* 6 cucharadas soperas de crema de almendras blancas
* 1 barra de pan de cereales o con semillas (puedes comprarla durante el fin de semana y congelarla o bien el viernes por la tarde)

Despensa básica

* aceite de oliva
* vinagre de sidra
* sirope de arce o de agave
* tomillo
* sal y pimienta

Lunes

Entrante
Ensalada de endivias
con naranja, cebollino
y nueces

Plato principal
Puré de patata
gratinado con queso
cheddar

Martes

Calabaza *potimarron*
rellena

Miércoles

Coliflor y patatas
gratinadas

Jueves

Entrante
Ensalada de col

Plato principal
Judías blancas
con brócoli al limón*

―――――――
*Si no te gustan las judías blancas,
puedes sustituirlas por tallarines.

Viernes

Ensalada de canónigos
y tostadas con queso
de cabra caliente

Preparación Menú #4

Antes de empezar

1) Si tienes suficiente espacio, saca todos los ingredientes que vas a utilizar en la sesión de cocina, menos los canónigos, los aguacates, las peras, el limón, los quesos de cabra redondos, las judías blancas y las nueces. Así lo tendrás todo a mano y no perderás tiempo buscando los ingredientes en los armarios y la nevera.

2) Saca también todos los utensilios necesarios:
   - ✱ 1 cuenco grande
   - ✱ 1 vaporera (para cocer las patatas)
   - ✱ 1 olla grande
   - ✱ 1 olla mediana
   - ✱ 1 olla pequeña
   - ✱ 1 rallador o 1 robot de cocina (opcional, para rallar las zanahorias y el repollo)
   - ✱ 1 pasapurés
   - ✱ 3 bandejas para gratinar (1 muy grande para las calabazas *potimarron*)
   - ✱ 6 fiambreras: 1 grande (para el repollo y la zanahoria), 3 medianas (para el cebollino, el brócoli y los huevos duros) y 2 pequeñas (para la salsa de la ensalada y la naranja)
   - ✱ papel de cocina y 1 bolsa para congelar (opcional)

¡A cocinar durante 1 hora y 30 minutos!

1 Cuece las patatas. Pela las patatas y cuécelas enteras en una vaporera llena de agua con sal, hasta que queden tiernas (durante unos 25 minutos).

2 Hierve el arroz. Lávalo y ponlo a hervir en una olla mediana de agua con un poco de sal. Deja que se enfríe.

3 Prepara las calabazas *potimarron*. Precalienta el horno a 180 °C (t. 6). Lava las calabazas y corta transversalmente el último cuarto superior. Con una cuchara sopera, quita las semillas. Echa un pellizco de sal en el interior y coloca las calabazas

en una bandeja grande con la parte superior al lado. Hornéalas durante 40 minutos. Deben asarse, pero no desmoronarse.

4 El <u>La coliflor y el brócoli</u>. Pon a hervir una olla grande de agua con sal. Corta la coliflor y el brócoli en ramilletes, lávalos bien y cuécelos durante 20 minutos.

5 <u>El puré de patata gratinado con queso *cheddar*</u>. Pon la mitad de las patatas hervidas en un cuenco grande. Añade la mitad de la nata líquida, ½ cucharadita de sal y un poco de pimienta. Aplástalo con el pasapurés. Vierte el puré de patata en una bandeja para gratinar. En el mismo cuenco,

mezcla la nata fresca, el queso *cheddar* rallado, 1 cucharadita de sal y un poco de pimienta. Con la mitad de esta mezcla, cubre el puré de patata y espolvoréalo con la mitad del cebollino picado. Hornéalo durante 25 minutos. Guarda el cebollino restante en una fiambrera hermética.

6 <u>La coliflor y las patatas gratinadas</u>. Corta el resto de las patatas al vapor en rodajas. Disponlas en una bandeja para gratinar. Cúbrelas con los ramilletes de coliflor hervida. Corta el tofu ahumado en daditos y añádelos a la bandeja (si te gusta). Recúbrelo con el resto de la mezcla de nata con queso *cheddar* rallado y hornéalo durante 25 minutos.

7 <u>El relleno de las calabazas *potimarron*</u>. Si es necesario, quita el agua de la cocción del interior de las calabazas. En el cuenco grande que ya has utilizado (no hace falta que lo laves), vierte el resto de la nata líquida, el diente de ajo y la chalota picados, 1 cucharadita de tomillo y el arroz hervido. Mézclalo bien y después rellena las calabazas. Quita la corteza del queso para *raclette* (o del *reblochon*) y córtalo en daditos. Reparte el queso por encima del relleno de las calabazas. Ponles la parte de arriba, tápalas con papel film y guárdalas en la nevera.

8 <u>Los huevos duros</u>. Pon a hervir una olla pequeña de agua con sal para cocer los huevos durante 10 minutos. (Si lo prefieres, puedes dejar este paso para el mismo viernes y cocerlos solo 6 minutos, así tendrás huevos pasados por agua.)

9 <u>La salsa de la ensalada</u>. En una pequeña fiambrera hermética, mezcla 6 cucharadas soperas de crema de almendras blancas, 4 cucharadas soperas de vinagre de sidra, 2 cucharadas soperas de sirope de arce (o de agave), 8 cucharadas soperas de agua tibia, 2 cucharaditas de sal y un poco de pimienta.

10 <u>Las *crudités* ralladas</u>. Ralla las zanahorias y el repollo y guárdalo en una fiambrera hermética grande.

11 El pan. Si compraste la barra de pan durante el fin de semana, córtalo en rebanadas (para hacer las tostadas) y guárdalo en el congelador dentro de una bolsa especial.

12 La naranja. Pela la naranja y separa los gajos, cortando las membranas. Guárdala en una pequeña fiambrera hermética.

¡Todo listo! Deja que se enfríe.

Guarda en la nevera

* la salsa con crema de almendras blancas (se conserva durante 1 semana);
* los gajos de naranja (se conservan durante 3 días);
* el puré de patata gratinado con queso *cheddar*, tapado con papel film (se conserva durante 3 días);
* las calabazas *potimarron* rellenas (se conservan entre 3 y 4 días);
* la coliflor y la patata gratinadas, tapadas con papel film (se conservan durante 3 días);
* la zanahoria y el repollo rallados (se conservan durante 5 días);
* el brócoli hervido (se conserva durante 4 días);
* los huevos duros (se conservan durante 5 días);
* el cebollino restante (se conserva durante 1 semana).

Resultado Menú #4

¿Qué debes hacer antes de servir? Menú #4

Lunes

Entrante
Ensalada de endivias con naranja, cebollino y nueces

Plato principal
Puré de patata gratinado con queso *cheddar*

Tiempo de preparación:
5 minutos
Tiempo de recalentamiento:
entre 10 y 15 minutos

Ingredientes: la mitad de la salsa, 2 endivias, los gajos de naranja, 40 g de nueces y el resto del cebollino; el puré de patata gratinado con queso *cheddar*
Entrante: Corta un poco las endivias, pica el cebollino, ponlo en una ensaladera, añade los 40 g de nueces, los gajos de naranja y la mitad de la salsa.
Plato principal: Calienta el puré de patata gratinado con queso *cheddar* en el horno precalentado a 190 °C (t. 6) entre 10 y 15 minutos.

Tiempo de recalentamiento:
entre 5 y 15 minutos

Martes

Calabaza *potimarron* rellena

Ingredientes: las calabazas *potimarron* rellenas
Calienta las calabazas *potimarron* rellenas en el horno precalentado a 200 °C (t. 6-7) entre 10 y 15 minutos o bien en el microondas, a la máxima potencia, durante 5 minutos.

Miércoles

Coliflor y patatas gratinadas

Tiempo de recalentamiento:
entre 10 y 15 minutos

Ingredientes: la coliflor y las patatas gratinadas
Caliéntalo en el horno precalentado a 190 °C (t. 6) entre 10 y 15 minutos.

Estas indicaciones son las ideales si has preparado el menú para cenar en casa. Pero si has cocinado para comer al día siguiente en el trabajo, en general bastará con que ultimes la preparación la noche antes y calientes la comida en el microondas de la oficina.

Jueves

Entrante
Ensalada de col

Plato principal
Judías blancas
con brócoli al limón

Tiempo de preparación:
2 minutos
Tiempo de recalentamiento:
15 minutos

Ingredientes: las *crudités* ralladas y la salsa de la ensalada restante; el brócoli hervido, el tarro de 700 g de judías blancas (o 300 g de tallarines),* el limón ecológico, aceite de oliva, sal y pimienta

Entrante: Diluye la salsa con 2 cucharadas soperas de agua tibia. Vierte las *crudités* ralladas y la salsa en una ensaladera. Mézclalo bien y déjalo reposar durante 5 minutos antes de servirlo.

Plato principal: En una olla grande, vierte las judías blancas. Llena la mitad del tarro de las judías blancas con agua, sacúdelo bien y vuélcalo en la olla. Añade el brócoli y mézclalo bien. Caliéntalo a fuego suave, con la tapa puesta, removiendo de vez en cuando, durante 15 minutos. Antes de servirlo, añade la ralladura del limón, sal, pimienta y un chorrito de aceite de oliva.

*La opción con los tallarines: hierve la pasta y calienta el brócoli. Mézclalo y espolvoréalo con la ralladura de limón. Añade sal, pimienta y un chorrito de aceite de oliva. Guarda el limón en una pequeña fiambrera hermética para el viernes.

Tiempo de preparación:
15 minutos
Tiempo de cocción:
13 minutos

Viernes

Ensalada de canónigos
y tostadas con queso
de cabra caliente

Ingredientes: 1 bolsita de canónigos, 2 quesos de cabra redondos, 2 peras, 2 aguacates, 40 g de nueces, los 4 huevos duros, 1 barra de pan con cereales o semillas (comprada el mismo día o congelada), el limón, aceite de oliva, sal y pimienta

Precalienta el horno a 190 °C (t. 6). En una bandeja para el horno, dispón las rebanadas de pan y échales un chorrito de aceite de oliva. Hornéalas durante 8 minutos. Corta las peras y los aguacates y córtalos en trozos. Corta los quesos de cabra en rodajas. Pela los huevos. Cuando el pan esté tostado, pon una rodaja de queso de cabra en cada rebanada. En la misma bandeja para el horno, añade las nueces y los trozos de pera. Hornéalo durante 5 minutos más. Prepara una vinagreta mezclando el zumo del limón con 4 cucharadas soperas de aceite de oliva, ½ cucharadita de sal y un poco de pimienta. En cada plato, sirve 1 huevo duro, canónigos, tostadas con queso de cabra caliente y trozos de pera y de aguacate, y aderézalo con la vinagreta.

Invierno

Menú #1

Verduras / Fruta

* 1 apio nabo pequeño o ½ apio nabo (500 g)
* 1,5 kg de calabaza *potimarron* u *hokkaido*
* 4 patatas pequeñas
* 1 coliflor grande (o 1 romanesco)
* 2 zanahorias
* 4 nabos
* 1 puerro
* 1 remolacha cocida al vacío
* 1 lechuga hoja de roble
* 1 aguacate grande (para el viernes)
* 1 manojo de cilantro
* 2 cm de jengibre fresco (o jengibre picado congelado)
* 5 dientes de ajo
* 6 cebollas amarillas

Despensa básica

* aceite de oliva
* aceite de nuez
* vinagre
* mostaza
* *garam masala* (o curri indio)
* cúrcuma
* 2 hojas de laurel
* canela en rama
* 1 pastilla de caldo de verduras
* sal y pimienta

Frescos

* 1 paquete de *mozzarella* rallada (unos 150 g)
* 1 rulo de queso de cabra
* 50 g de mantequilla
* 40 cl de nata líquida
* 2 yogures griegos

Varios

* 200 g de castañas al vacío o en un tarro
* 250 g de macarrones
* 200 g de arroz blanco
* 1 tarro grande de judías blancas hervidas (unos 700 g)
* 1 tarro grande de garbanzos hervidos (unos 700 g)
* 1 tarro de tomate triturado (unos 400 g)
* 4 rebanadas grandes de pan integral (puedes comprarlo durante el fin de semana y congelarlo o bien comprarlo el mismo viernes)
* 200 g de sémola para cuscús
* 30 g de pistachos pelados o de nueces
* 4 albaricoques secos ecológicos

Lunes

Entrante
Crema de calabaza
potimarron, castañas
y apio nabo

Plato principal
Guiso de garbanzos
con puerro y coliflor

Martes

Gratinado de
macarrones con
calabaza *potimarron*

Miércoles

Cuscús con verduras
de invierno

Jueves

Entrante
Ensalada de remolacha,
queso de cabra,
albaricoques secos
y pistachos

Plato principal
Curri indio con coliflor

Viernes

Judías blancas
con crema de calabaza
potimarron y una
tostada con guacamole

Preparación Menú #1

Antes de empezar

1) Si tienes suficiente espacio, saca todos los ingredientes que vas a utilizar en la sesión de cocina, menos la remolacha cocida al vacío, el aguacate, el rulo de queso de cabra, los yogures griegos, las judías blancas, la sémola para cuscús, los pistachos y los albaricoques secos. Así lo tendrás todo a mano y no perderás tiempo buscando los ingredientes en los armarios y la nevera.

2) Saca también todos los utensilios necesarios:
   * 1 cazuela pequeña o 1 sartén
   * 1 olla grande
   * 1 olla mediana
   * 1 batidora de mano o 1 robot de cocina
   * 1 bandeja para gratinar (para los macarrones)
   * 1 bandeja para el horno (para las verduras asadas)
   * 1 escurridor de ensalada
   * 1 trapo limpio
   * 6 fiambreras: 1 muy grande (para la lechuga), 2 grandes (para el cilantro y el curri), 1 mediana o 1 botella de 1 l (para la crema de calabaza) y 2 pequeñas (para la vinagreta y las castañas)
   * papel de cocina, papel film y 1 bolsa para congelar

¡A cocinar durante 1 hora y 50 minutos!

1 Lava el cilantro y la lechuga hoja de roble. Sumerge el manojo de cilantro en abundante agua fría. Déjalo en remojo durante algunos minutos y, a continuación, sécalo bien con un trapo limpio. Guárdalo en una fiambrera hermética entre dos hojas de papel de cocina. Así, podrás conservar el cilantro en la nevera durante 1 semana. Separa las hojas de la lechuga y lávalas bien. Sécalas igual que las de cilantro o con la ayuda de una ensaladera. Guarda la lechuga en una fiambrera hermética entre dos hojas de papel de cocina. Así, podrás conservarla en la nevera durante 1 semana.

2 La crema de calabaza *potimarron*, castañas y apio nabo. Pela y pica 3 cebollas. En una olla mediana, derrite los 50 g de mantequilla y agrega la cebolla

picada y 1 pellizco de sal. Póchalo. Mientras tanto, pela la calabaza y córtala en dados. Pela las 4 patatas y córtalas en daditos. Añade a la olla los dados de patata y 800 g de dados de calabaza. Agrega la pastilla de caldo de verduras y vierte 60 cl de agua caliente. Cuécelo durante 15 minutos.

3 Hierve los macarrones. Pon a hervir una olla grande de agua con sal y cuece los macarrones *al dente*.

4 El guiso de garbanzos con puerro y coliflor (comienzo). Separa la parte blanca de la verde del puerro. Corta la blanca en láminas muy finas. Lava la verde y guárdala para la crema de calabaza. En una cazuela pequeña o una sartén, vierte la parte blanca del puerro laminada, ½ cucharadita de sal, 2 cucharadas soperas de agua y 2 cucharadas soperas de aceite de oliva. Pon la tapa y cuécelo a fuego suave durante 15 minutos.

5 El gratinado de macarrones con calabaza *potimarron*. Precalienta el horno a 180 °C (t. 6). De la olla en la que estás preparando la crema de calabaza, quita 10 dados de calabaza con una espumadera y ponlos en una bandeja para gratinar. Añade los macarrones escurridos. En la olla de crema de calabaza, agrega 40 cl de nata líquida y un poco de pimienta y sal, y tritúralo bien con una batidora de mano (o en el vaso de un robot de cocina), hasta que la textura sea uniforme, sin grumos. Vuelca aproximadamente ⅓ de la crema de calabaza en la bandeja de los macarrones, hasta que queden cubiertos. Espolvoréalo con *mozzarella* rallada y hornéalo durante 20 minutos en la parte de abajo del horno. Vierte el resto de la crema de calabaza en una fiambrera que pueda ponerse en el congelador, dejando un poco de vacío. Lava las 2 ollas que has utilizado.

6 <u>Las verduras asadas para el cuscús</u>. Pela las 2 zanahorias y córtalas en trozos grandes. Pela 3 nabos y córtalos en cuartos. Pela y pica 1 cebolla. Pela el apio nabo y córtalo en daditos. Reserva 100 g para la crema de calabaza, castañas y apio nabo. En una bandeja para el horno, pon la zanahoria, el nabo, la cebolla y el apio nabo restante troceados. Añade 1 ramita de canela, 2 hojas de laurel, 1 cucharada sopera de cúrcuma, 1 cucharadita de sal y 4 cucharadas soperas de aceite de oliva. Mézclalo bien y ásalo en la parte de arriba del horno, durante 40 minutos, removiendo de vez en cuando.

7 <u>El guiso de garbanzos con puerro y coliflor (continuación)</u>. Añade a la cazuela los garbanzos hervidos con su jugo y 1 vasito de agua. Pela 4 dientes de ajo y agrégalos enteros. Vuelve a poner

la tapa y alarga la cocción a fuego suave durante 30 minutos más.

8 <u>Precuece la coliflor</u>. Pon a hervir una olla grande de agua con sal. Corta la coliflor en ramilletes y sumérgela en el agua hirviendo durante 10 minutos. Ponla debajo del grifo de agua fría para interrumpir la cocción y resérvala.

9 <u>El curri indio con coliflor</u>. Pela y pica 1 cebolla, 1 diente de ajo y el jengibre. En la olla mediana, calienta 1 cucharada sopera de aceite de oliva y vierte estos ingredientes; añade 1 cucharadita de *garam masala* (o de curri indio) y ½ cucharadita de sal. Póchalo durante 2 minutos. Agrega ¾ del tomate triturado y 20 cl de agua. Cuécelo a fuego medio, con la tapa puesta, durante 20 minutos más.

10 La crema de calabaza *potimarron*, castañas y apio nabo. Lava la olla grande y, una vez limpia, pon a hervir 1 l de agua con sal. Pela y pica la cebolla y el nabo restantes. Echa a la olla la cebolla y el nabo picados, la calabaza restante, los dados de apio nabo, la parte verde del puerro y 100 g de castañas. Cuécelo durante 20 minutos y tritúralo bien.

11 La vinagreta. En una pequeña fiambrera hermética, mezcla 2 cucharadas soperas de mostaza, 1 cucharadita de sal, 1 pellizco de pimienta y 4 cucharadas soperas de vinagre. A continuación, añade 6 cucharadas soperas de aceite de oliva, 2 cucharadas soperas de aceite de nuez y 4 cucharadas soperas de agua. Mézclalo bien.

12 Reparte la coliflor. Echa ⅓ de los ramilletes de coliflor hervidos en la cazuela del guiso de garbanzos y ⅔ en el curri.

¡Todo listo! Deja que se enfríe.

Guarda en la nevera
* la crema de calabaza *potimarron*, castañas y apio nabo, en la misma olla, tapada con un plato (se conserva durante 3 días);
* el guiso de garbanzos con puerro y coliflor (se conserva durante 4 días);
* el gratinado de macarrones con calabaza *potimarron*, tapado con papel film (se conserva durante 3 días);
* las verduras asadas para el cuscús, en la misma bandeja, tapada con papel film (se conservan durante 4 días);
* el curri indio con coliflor;
* el cilantro lavado (se conserva durante 1 semana);
* la lechuga hoja de roble lavada (se conserva durante 1 semana);
* la vinagreta (se conserva durante 1 semana);
* las castañas restantes (se conservan durante 3 días);
* el resto del tomate triturado (se conserva durante 3 días).

Guarda en el congelador
* la crema de calabaza *potimarron*;
* las 4 rebanadas de pan.

Lunes

Tiempo de recalentamiento:
10 minutos

Entrante
Crema de calabaza *potimarron*, castañas y apio nabo

Plato principal
Guiso de garbanzos con puerro y coliflor

Ingredientes: la crema de calabaza *potimarron*, castañas y apio nabo; el guiso de garbanzos con puerro y coliflor y 10 ramitas de cilantro

Entrante: Calienta la crema de calabaza *potimarron*, castañas y apio nabo en la misma olla, a fuego suave, durante 10 minutos.

Plato principal: Calienta el guiso de garbanzos con puerro y coliflor a fuego medio, durante 10 minutos. Sírvelo espolvoreado con cilantro picado.

Reserva 2 cucharadas de garbanzos, puerro y coliflor para el cuscús del miércoles.

Tiempo de recalentamiento:
15 minutos

Martes

Gratinado de macarrones con calabaza *potimarron*

Ingredientes: el gratinado de macarrones con calabaza *potimarron*, la mitad de la lechuga hoja de roble y de la vinagreta

Calienta el gratinado de macarrones con calabaza *potimarron* en el horno precalentado a 180 °C (t. 6) durante 15 minutos. Sírvelo acompañado de la lechuga aderezada con la vinagreta.

Miércoles

Tiempo de recalentamiento:
15 minutos

Cuscús con verduras de invierno

Ingredientes: 200 g de sémola de trigo, las verduras asadas, el resto de los garbanzos, de los puerros, de la coliflor, de las castañas y del tomate triturado, y 10 ramitas de cilantro

Precalienta el horno a 200 °C (t. 6-7) y hornea las verduras asadas durante 10 minutos. Mientras tanto, en una olla, calienta el tomate triturado con 1 vaso de agua, los garbanzos y las castañas, durante 10 minutos. Vuélcalo en la bandeja de las verduras asadas para desglasarlas. Prepara la sémola de trigo siguiendo las indicaciones del paquete. Sirve el cuscús acompañado de las verduras de invierno, espolvoreado con cilantro picado.

Jueves

Entrante
Ensalada
de remolacha, queso
de cabra, albaricoques
secos y pistachos

Plato principal
Curri indio con coliflor

Tiempo de preparación:
10 minutos
Tiempo de recalentamiento y de cocción:
15 minutos

Ingredientes: 1 remolacha hervida al vacío, 1 rulo de queso de cabra, el resto de la lechuga hoja de roble, 4 albaricoques secos, 30 g de pistachos o de nueces, 4 ramitas de cilantro y la vinagreta restante; el curri indio con coliflor, 200 g de arroz, 1 yogur griego y 10 ramitas de cilantro

Entrante: Corta la remolacha en dados. Trocea un poco la lechuga hoja de roble, el cilantro y los albaricoques secos. Corta el rulo de queso de cabra en rodajas. En una ensaladera, mezcla todos los ingredientes con la vinagreta.

Plato principal: Hierve el arroz siguiendo las indicaciones del paquete. En una olla, calienta el curri indio con coliflor. Sírvelo con el yogur griego, espolvoreado con cilantro picado, acompañado del arroz.

Para el viernes, saca del congelador la crema de calabaza y las rebanadas de pan y déjalo en la nevera.

Tiempo de preparación:
5 minutos
Tiempo de recalentamiento:
15 minutos

Viernes

Judías blancas con
crema de calabaza
***potimarron* y una**
tostada con guacamole

Ingredientes: 1 tarro grande de judías blancas hervidas (unos 700 g), la crema de calabaza *potimarron* descongelada, las 4 rebanadas de pan descongelado (o recién comprado), el aguacate, 1 yogur griego y 4 ramitas de cilantro

En una olla, calienta la crema de calabaza con las judías blancas escurridas. Mientras tanto, tuesta las rebanadas de pan. Prepara el guacamole mezclando el aguacate con el yogur griego, ½ cucharadita de sal, un poco de pimienta y 4 ramitas de cilantro.

Estas indicaciones son las ideales si has preparado el menú para cenar en casa. Pero si has cocinado para comer al día siguiente en el trabajo, en general bastará con que ultimes la preparación la noche antes y calientes la comida en el microondas de la oficina.

Menú #2

Cesta de la compra Menú #2

Verduras / Fruta

* 1 calabaza *potimarron* (entre 1 kg y 1,5 kg)
* 1 puerro grande
* 1,2 kg de patatas blancas
* 1 kg de espinacas congeladas
* 2 brócolis
* 2 zanahorias
* 1 bolsita de ensalada mézclum
* 1 puñado de brotes de soja (que no caduquen hasta dentro de 3 o 4 días)
* 1 limón ecológico pequeño
* 1 pomelo
* 1 mango (para el martes)
* 2 aguacates grandes (1 para el lunes y 1 para el martes)
* 2 cm de jengibre fresco (o jengibre picado congelado)
* 1 rama de toronjil o toronjil picado congelado (opcional)
* 1 manojo de cilantro
* 2 dientes de ajo
* 1 cebolla morada
* 1 cebolla amarilla
* 1 chalota

Frescos

* 1 paquete pequeño de *feta* (unos 150 g)
* 25 cl de nata líquida
* 1 tarro pequeño de nata fresca (unos 20 cl)
* 1 bolsita de parmesano (unos 70 g)
* 4 huevos
* 75 g de mantequilla
* 200 g de tofu

Varios

* 25 cl de leche semidesnatada
* 400 g de arroz negro
* 200 g de fideos chinos de trigo
* 150 g de cebada pelada (o de *bulgur*)
* 4 cucharadas soperas de *tahin* (crema de sésamo blanco)
* 50 g de piñones
* 40 g de pasas

Despensa básica

* aceite de oliva
* aceite de sésamo (o aceite neutro)
* mostaza
* vinagre balsámico
* salsa de soja
* sirope de arce (o de agave)
* nuez moscada
* harina
* pan rallado
* 1 pastilla de caldo de verduras
* sal y pimienta

Lunes

Gratinado delfinés
y ensalada mézclum
con pomelo y aguacate

Martes

Entrante
Ensalada de arroz
negro, mango
y aguacate

Plato principal
Crumble de espinacas,
feta y piñones

Miércoles

Wok de fideos chinos
con tofu marinado

Jueves

Entrante
Ensalada tibia
de brócoli con huevos
pasados por agua

Plato principal
Arroz negro con calabaza
potimarron asada

Viernes

Crema de calabaza
potimarron y puerro
con cebada

Preparación Menu #2

Antes de empezar

1) Si tienes suficiente espacio, saca todos los ingredientes que vas a utilizar en la sesión de cocina, menos la ensalada mézclum, los brotes de soja, el mango, los aguacates, las cebollas, los huevos y los fideos de trigo. Así lo tendrás todo a mano y no perderás tiempo buscando los ingredientes en los armarios y la nevera.

2) Saca también todos los utensilios necesarios:

* 2 ollas grandes
* 1 cuenco grande
* 1 rallador
* 1 prensador de ajos
* 1 mandolina o 1 robot de cocina para laminar
* 1 trapo limpio
* 1 molde de pastel rectangular
* 1 bandeja para gratinar
* 1 bandeja para el horno
* 1 prensador de cítricos
* 9 fiambreras: 4 grandes (para el brócoli, el cilantro, el arroz negro y la crema de calabaza), 2 medianas (para el tofu marinado y la zanahoria en juliana) y 3 pequeñas (para el pomelo, la vinagreta y la salsa de sésamo)
* papel de cocina, papel film y papel vegetal

¡A cocinar durante 2 horas!

1 Lava el cilantro. Sumerge el manojo de cilantro en abundante agua fría. Déjalo en remojo durante algunos minutos y, a continuación, sécalo bien con un trapo limpio. Guárdalo en una fiambrera hermética entre dos hojas de papel de cocina. Así, podrás conservar el cilantro en la nevera durante 1 semana.

2 El gratinado delfinés. Recubre el molde de pastel rectangular con papel vegetal. Pela las patatas y, con una mandolina o un robot de cocina, córtalas en láminas muy finas. Repártelas por el molde. En un cuenco grande, mezcla los 25 cl de leche semidesnatada, 1 diente de ajo prensado, 1 cucharadita de sal y 1 buen pellizco de nuez moscada. Vierte esta mezcla sobre las patatas hasta que queden prácticamente cubiertas.

Hornéalo durante 1 hora y 20 minutos en la parte de abajo del horno. Lava el cuenco grande.

3 El *crumble* de espinacas, *feta* y piñones. Pela y pica la chalota. En una olla, derrite los 75 g de mantequilla. Retira 60 g de mantequilla derretida y viértela en el cuenco grande. En la olla, dora la chalota con la mantequilla restante y ½ cucharadita de sal. Pela y pica 1 diente de ajo. Añádelo a la olla, junto con las espinacas congeladas. Sofríelo durante 15 minutos, hasta que las espinacas se hayan descongelado por completo y se haya evaporado toda el agua. Mientras tanto, prepara la mezcla para ligar el *crumble*: en el cuenco con la mantequilla derretida, agrega 70 g de harina, el parmesano, 30 g de piñones y 3 cucharadas soperas de pan rallado. Mézclalo bien. Añade a la

olla los 20 cl de nata fresca, la *feta* desmigada, las pasas y un poco de sal y de pimienta. Vuélcalo en la bandeja para gratinar y recúbrelo con la mezcla para ligar el *crumble*. Hornéalo en la parte de arriba del horno durante 20 minutos. Lava la olla.

4 Cuece el arroz. Pon a hervir una olla grande de agua con sal y cuece el arroz negro durante 45 minutos.

5 La calabaza *potimarron*. Corta ⅓ de la calabaza en daditos y los ⅔ restantes en rodajas. Reparte las rodajas en una bandeja para el horno, sazónalas con 1 chorrito de aceite de oliva y un poco de sal, y ásalas en la parte de arriba del horno (cuando esté libre) durante 30 minutos.

6 La crema de calabaza *potimarron* y puerro con cebada. En otra olla grande, calienta 1 cucharada sopera de aceite de oliva. Corta el puerro y el toronjil en juliana y agrégalos a la olla con 1 pellizco de sal. Añade la mitad del jengibre picado, los dados de calabaza, la pastilla de caldo de verduras y 1,5 l de agua. Lava la cebada y viértela en la olla (si has decidido preparar *bulgur*, deberás añadirlo el mismo viernes). Cuécelo durante 30 minutos (o 20 si no has puesto la cebada). Si es necesario, añade un poco de agua durante la cocción.

7 El tofu marinado. En una fiambrera hermética mediana, vierte 4 cucharadas soperas de salsa de soja, el resto del jengibre picado, la ralladura de 1 limón ecológico, 1 cucharada sopera de sirope de arce y 2 cucharadas soperas de aceite de sésamo. Corta el tofu en daditos y deja que se marine hasta que vayas a utilizarlo el miércoles.

8 El brócoli. Pon a hervir una olla de agua con sal. Corta los brócolis en ramilletes (si hace falta, primero córtalos por la mitad o en cuartos). Pela el tallo del brócoli, pero conserva el tronco, córtalo en daditos y añádelo a la crema de calabaza y puerro con cebada. Sumerge los ramilletes de brócoli en el agua hirviendo durante 2 minutos y, a continuación, ponlos debajo del grifo de agua fría para interrumpir la cocción y fijar el color.

9 La zanahoria para el *wok*. Pela las zanahorias y córtalas en juliana (en forma de bastoncitos).

10 La salsa de sésamo. Exprime el limón. En una pequeña fiambrera hermética, vierte 4 cucharadas soperas de *tahin*, el zumo de limón, 1 cucharadita de sal y un poco de pimienta. Mézclalo bien y guárdalo en la nevera.

11 La vinagreta. En una pequeña fiambrera hermética, pon 2 cucharadas soperas de mostaza, 1 cucharadita de sal, un poco de pimienta y 4 cucharadas soperas de vinagre balsámico. Mézclalo bien. Añade 8 cucharadas soperas de aceite de oliva y 4 cucharadas soperas de agua. Mézclalo bien y guárdalo en la nevera.

12 Los gajos de pomelo. Pela el pomelo y separa los gajos, cortando las membranas. Guárdalo en una pequeña fiambrera hermética.

¡Todo listo! Deja que se enfríe.

Guarda en la nevera

* el gratinado delfinés, en el mismo molde (se conserva durante 2 días);
* los gajos de pomelo (se conservan durante 3 días);
* el arroz negro hervido (se conserva durante 4 días);
* las rodajas de calabaza *potimarron* asadas (se conservan durante 4 días);
* el *crumble* de espinacas, *feta* y piñones, tapado con papel film (se conserva durante 3 días);
* el tofu marinado (se conserva durante 4 días);
* el cilantro lavado (se conserva durante 1 semana);
* los ramilletes de brócoli escaldados (se conservan durante 5 días);
* los bastoncitos de zanahoria (se conservan durante 1 semana);
* la salsa de sésamo (se conserva durante 1 semana);
* la vinagreta (se conserva durante 1 semana).

Guarda en el congelador

* la crema de calabaza *potimarron* y puerro con cebada.

Lunes

**Gratinado delfinés
y ensalada mézclum
con pomelo
y aguacate**

Tiempo de preparación:
5 minutos
Tiempo de recalentamiento:
10 minutos

Ingredientes: el gratinado delfinés, la bolsita de ensalada mézclum, 1 aguacate, los gajos de pomelo, la mitad de la vinagreta y 8 ramitas de cilantro
Precalienta el horno a 190 °C (t. 6) y calienta el gratinado delfinés durante 10 minutos. Mientras tanto, prepara la ensalada mezclando todos los ingredientes.

Tiempo de preparación:
10 minutos
Tiempo de recalentamiento:
10 minutos

Martes

**Entrante
Ensalada de arroz
negro, mango
y aguacate**

**Plato principal
Crumble de espinacas,
feta y piñones**

Ingredientes: ¼ del arroz negro hervido, 1 mango, 1 aguacate, 8 ramitas de cilantro, ½ cebolla morada y la vinagreta restante; el *crumble* de espinacas, feta y piñones
Entrante: Pela y pica la media cebolla morada. Corta el mango y el aguacate en dados. Mézclalo con el arroz, el cilantro picado y la vinagreta.
Guarda la otra mitad de la cebolla en una fiambrera hermética para el jueves.
Plato principal: Precalienta el horno a 180 °C (t. 6) y calienta el *crumble* de espinacas, *feta* y piñones durante 10 minutos.

Miércoles

***Wok* de fideos chinos
con tofu marinado**

Tiempo de cocción:
10 minutos

Ingredientes: 200 g de fideos chinos de trigo, el tofu marinado, 1 cebolla amarilla, los bastoncitos de zanahoria, los brotes de soja, la mitad de los ramilletes de brócoli escaldados y 10 ramitas de cilantro
Hidrata los fideos chinos, siguiendo las instrucciones del paquete. Pela y pica la cebolla. Pon a calentar un *wok* y cocina a fuego vivo la cebolla y el tofu marinado durante 3 minutos. Añade el brócoli y la zanahoria; alarga la cocción durante 3 minutos más. Agrega los fideos y los brotes de soja. Cuécelo 3 minutos más y sírvelo espolvoreado con cilantro picado.

Tiempo de preparación:
10 minutos
Tiempo de cocción y de recalentamiento:
20 minutos

Jueves

Entrante
Ensalada tibia
de brócoli con huevos
pasados por agua

Plato principal
Arroz negro
con calabaza
***potimarron* asada**

Ingredientes: el resto del brócoli escaldado, 4 huevos, la media cebolla morada restante, 4 ramitas de cilantro, 20 g de piñones y la mitad de la salsa de sésamo; el resto del arroz negro hervido, la calabaza *potimarron* asada, el resto del cilantro y de la salsa de sésamo

Entrante: Pon a hervir una olla pequeña de agua. Sumerge los ramilletes de brócoli durante 3 minutos, sácalos con una espumadera, sírvelos en una ensaladera y recúbrelos con la mitad de la salsa de sésamo. En la misma olla, cuece los huevos durante 6 minutos, ponlos debajo del grifo de agua fría y pélalos con cuidado. Pela y pica la media cebolla morada. Viértela encima del brócoli y mézclalo bien. Espolvoréalo con cilantro picado y piñones. Sirve la ensalada de brócoli con los huevos pasados por agua.

Plato principal: Precalienta el horno a 180 °C (t. 6) y calienta la calabaza *potimarron* asada durante 10 minutos. Mientras tanto, calienta el arroz negro en el microondas. Sirve el arroz negro y la calabaza *potimarron* asada con la salsa de sésamo, espolvoreado con cilantro picado.

Para el viernes, saca del congelador la crema de calabaza y puerro y déjala en la nevera.

Viernes

Crema de calabaza
***potimarron* y puerro**
con cebada

Tiempo de recalentamiento:
10 minutos

Ingredientes: la crema de calabaza *potimarron* y puerro con cebada (o, si lo prefieres, la crema de calabaza *potimarron* y puerro y el *bulgur*)

En una olla, calienta la crema de calabaza *potimarron* y puerro con cebada a fuego medio. Si crees que está demasiado espesa, añade un poco de agua. Si prefieres la crema con *bulgur*, viértelo en la olla cuando empiece a borbotear y cuécelo durante 10 minutos.

Estas indicaciones son las ideales si has preparado el menú para cenar en casa. Pero si has cocinado para comer al día siguiente en el trabajo, en general bastará con que ultimes la preparación la noche antes y calientes la comida en el microondas de la oficina.

Menú #3

Lista de la compra Menú #3

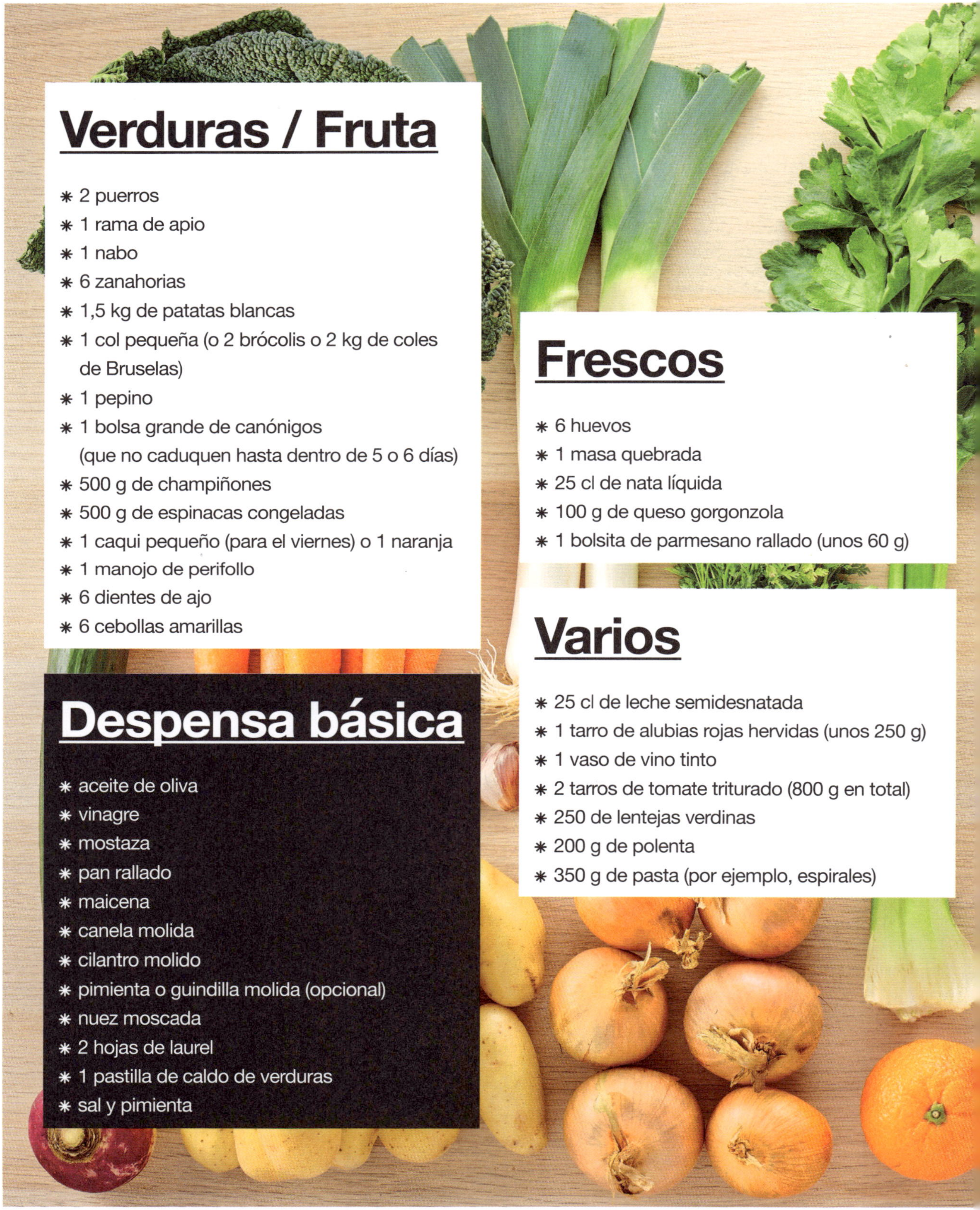

Verduras / Fruta

- 2 puerros
- 1 rama de apio
- 1 nabo
- 6 zanahorias
- 1,5 kg de patatas blancas
- 1 col pequeña (o 2 brócolis o 2 kg de coles de Bruselas)
- 1 pepino
- 1 bolsa grande de canónigos (que no caduquen hasta dentro de 5 o 6 días)
- 500 g de champiñones
- 500 g de espinacas congeladas
- 1 caqui pequeño (para el viernes) o 1 naranja
- 1 manojo de perifollo
- 6 dientes de ajo
- 6 cebollas amarillas

Despensa básica

- aceite de oliva
- vinagre
- mostaza
- pan rallado
- maicena
- canela molida
- cilantro molido
- pimienta o guindilla molida (opcional)
- nuez moscada
- 2 hojas de laurel
- 1 pastilla de caldo de verduras
- sal y pimienta

Frescos

- 6 huevos
- 1 masa quebrada
- 25 cl de nata líquida
- 100 g de queso gorgonzola
- 1 bolsita de parmesano rallado (unos 60 g)

Varios

- 25 cl de leche semidesnatada
- 1 tarro de alubias rojas hervidas (unos 250 g)
- 1 vaso de vino tinto
- 2 tarros de tomate triturado (800 g en total)
- 250 de lentejas verdinas
- 200 g de polenta
- 350 g de pasta (por ejemplo, espirales)

Lunes

Quiche de champiñones y espinacas

Martes

Pastel de verduras y alubias rojas con puré de patatas

Miércoles

**Entrante
Crema de verduras verdes**

**Plato principal
Ensalada de lentejas con huevos duros y cilantro**

Jueves

Espirales con salsa de verduras guisadas

Viernes

**Entrante
Ensalada de canónigos dulce y salada**

**Plato principal
Puré de polenta con gorgonzola**

Antes de empezar

1) Si tienes suficiente espacio, saca todos los ingredientes que vas a utilizar en la sesión de cocina, menos los canónigos, el parmesano, el caqui (o la naranja), 1 diente de ajo, el queso gorgonzola, la pasta y la polenta. Así lo tendrás todo a mano y no perderás tiempo buscando los ingredientes en los armarios y la nevera.

2) Saca también todos los utensilios necesarios:
   * 1 sartén grande (para los champiñones y las espinacas)
   * 1 cazuela o 1 sartén (para guisar las verduras)
   * 1 olla grande (para la crema de verduras)
   * 1 olla mediana (para las lentejas)
   * 1 vaporera (opcional)
   * 1 robot de cocina o 1 batidora de mano (para la crema de verduras)
   * 1 cuenco grande (para el relleno de la quiche)
   * 1 molde de tarta (para la quiche)
   * bolitas de cerámica para hornear (o legumbres crudas)
   * 1 bandeja para gratinar (para el pastel de verduras y alubias rojas con puré de patatas)
   * 1 pasapurés
   * 1 trapo limpio
   * 6 fiambreras: 3 grandes (para el perifollo, las verduras guisadas y las lentejas), 1 mediana (para el pepino) y 2 pequeñas (para la vinagreta y los huevos duros)
   * papel de cocina y papel film

¡A cocinar durante 2 horas!

1 Lava el perifollo. Sumerge el manojo de perifollo en abundante agua fría. Déjalo en remojo durante algunos minutos y, a continuación, sécalo bien con un trapo limpio o con un escurridor de ensalada. Guárdalo en una fiambrera hermética entre dos hojas de papel de cocina. Así, podrás conservar el perifollo en la nevera durante 1 semana.

2 El guiso de verduras (para el pastel de verduras y alubias rojas con puré de patatas y para la pasta). Pela y pica 3 cebollas y 3 dientes de ajo. En una cazuela (o en una sartén grande), calienta 3 cucharadas soperas de aceite de oliva. Agrega la cebolla y el ajo picados y 1 cucharadita de sal. Póchalo mientras preparas las otras verduras. Pela y corta en daditos las 6 zanahorias. Ve

añadiéndolas a la cazuela. Corta la rama de apio en daditos. Lamina 100 g de champiñones. Agrega todas estas verduras a la cazuela, con 1 hoja de laurel y 1 guindilla picada. Sofríelo durante 5 minutos, vierte el vaso de vino tinto y, cuando empiece a borbotear, deja que se evapore durante 3 minutos. A continuación, vierte el tomate triturado y cuécelo a fuego suave durante 45 minutos.

3 Las patatas (para la crema de verduras y para el pastel de verduras y alubias rojas con puré de patatas). Pela las patatas y cuécelas enteras en una vaporera o en una olla grande, hasta que estén tiernas (durante unos 25 minutos).

4 Precuece la masa quebrada. Precalienta el horno a 190 °C (t. 6). Engrasa el molde de pastel. Desenrolla la masa quebrada y disponla

en el molde apretando bien los bordes y cortando la parte sobrante. Con un tenedor, pincha la base de la masa. Arruga el papel vegetal con el que estaba envuelta la masa, recubre la base de esta y coloca encima las bolitas de cerámica para hornear (o legumbres crudas). Precuece la masa sin rellenar durante 25 minutos en la parte de abajo del horno.

5 Los champiñones y las espinacas salteados. En una sartén grande, calienta 1 cucharada sopera de aceite de oliva. Pela y pica 2 cebollas y agrégalas a la sartén con 1 cucharadita de sal. Pela y pica 2 dientes de ajo y añádelos. Corta el resto de champiñones en láminas y sofríelos durante 10 minutos. A continuación, añade las espinacas congeladas y cuécelas hasta que el agua se haya evaporado por completo.

6 Las lentejas. Pon a hervir una olla mediana de agua con 1 pastilla de caldo de verduras y 1 hoja de laurel. Pela y pica la última cebolla y viértela en la olla con los 250 g de lentejas verdinas. Cuécelo durante 30 minutos.

7 El relleno de la quiche. En un cuenco grande, bate 2 huevos con la nata líquida y la mitad de la leche. Añade 1 pellizco de nuez moscada, 1 cucharada sopera de maicena, ½ cucharadita de sal y un poco de pimienta. Encima de la masa de la quiche precocida, vuelca los champiñones y las espinacas salteados y recúbrelo de la mezcla con los huevos que acabas de preparar. Hornea la quiche durante 30 minutos.

8 La crema de verduras verdes. En una olla grande, pon a hervir 1 l de agua con sal. Pela los nabos y córtalos en dados. Lava los puerros y córtalos en juliana. Añádelo a la olla y cuécelo durante 10 minutos. Mientras tanto, lava la col y trocea un poco las hojas (o corta el brócoli en ramilletes). Agrégalo a la olla y alarga la cocción durante 10 minutos. Añade los 100 g de espinacas restantes y cuécelo durante 5 minutos más.

9 El pastel de verduras y alubias rojas con puré de patatas. Con un tenedor, chafa las alubias rojas hervidas y añádelas a la cazuela con el guiso de verduras. Vierte ⅓ de esta mezcla en una bandeja para gratinar. Separa 2 patatas hervidas y tritúralas con el pasapurés, mientras viertes la leche desnatada restante. Salpiméntalo y añádelo a la bandeja para gratinar. Espolvoréalo con pan rallado y hornéalo durante 25 minutos. Guarda el guiso de verduras con alubias rojas restante en una fiambrera grande que pueda ponerse en el congelador.

10 <u>La crema de verduras verdes (continuación)</u>. En el vaso de un robot de cocina o con una batidora de mano, tritura poco a poco las verduras hervidas. Añade las 2 patatas hervidas restantes y acaba de triturarlo.

11 <u>Los huevos duros</u>. Pon a hervir una olla mediana de agua para cocer los 4 huevos durante 10 minutos.

12 <u>Los dados de pepino</u>. Pela el pepino y córtalo en dados.

13 <u>La vinagreta</u>. En una pequeña fiambrera hermética, mezcla 1 cucharada sopera de mostaza, 1 cucharadita de sal, un poco de pimienta y 4 cucharadas soperas de vinagre. A continuación, añade 8 cucharadas soperas de aceite y 3 cucharadas soperas de agua.

¡Todo listo! Deja que se enfríe.

Guarda en la nevera
- ✳ la quiche de champiñones y espinacas (se conserva durante 2 días);
- ✳ el pastel de verduras y alubias rojas con puré de patatas (se conserva durante 3 días);
- ✳ la crema de verduras verdes (se conserva durante 3 días; si vas a tomarla más adelante, guárdala en el congelador);
- ✳ las lentejas verdinas hervidas (se conservan durante 5 días);
- ✳ los huevos duros (se conservan durante 5 días);
- ✳ el perifollo lavado (se conserva durante 1 semana);
- ✳ los dados de pepino (se conservan durante 1 semana);
- ✳ la vinagreta (se conserva durante 1 semana).

Guarda en el congelador
- ✳ la salsa de verduras guisadas con alubias rojas.

Lunes

**Quiche
de champiñones
y espinacas**

Tiempo de recalentamiento:
10 minutos

Ingredientes: la quiche de champiñones y espinacas, ⅔ de los canónigos y ⅓ de la vinagreta
Precalienta el horno a 180 °C (t. 6) y calienta la quiche durante 10 minutos. Sírvela acompañada de los canónigos aderezados con la vinagreta.

Tiempo de recalentamiento:
10 minutos

Martes

**Pastel de verduras
y alubias rojas
con puré de patatas**

Ingredientes: el pastel de verduras y alubias rojas con puré de patatas
Precalienta el horno a 180 °C (t. 6) y calienta el pastel de verduras y alubias rojas con puré de patatas durante 10 minutos.
Para el miércoles, si congelaste la crema de verduras verdes, sácala del congelador y déjala en la nevera.

Miércoles

**Entrante
Crema de verduras
verdes**

**Plato principal
Ensalada de lentejas
con huevos duros
y cilantro**

Tiempo de preparación:
10 minutos
Tiempo de recalentamiento:
10 minutos

Ingredientes: la crema de verduras verdes; las lentejas verdinas hervidas, los 4 huevos duros, 1 diente de ajo, la mitad del perifollo, 1 cucharadita de cilantro molido y la mitad de la vinagreta restante
Entrante: En la misma olla, calienta la crema de verduras verdes a fuego medio durante 10 minutos.
Plato principal: Pela los huevos duros y córtalos en cuartos. Pela y pica el ajo. Pica el perifollo. En una ensaladera, mezcla todos los ingredientes con las lentejas hervidas y la vinagreta.
Para el jueves, saca del congelador la salsa de verduras guisadas con alubias rojas y déjala en la nevera.

Tiempo de cocción y de recalentamiento:
15 minutos

Jueves

Espirales con salsa de verduras guisadas

Ingredientes: 350 g de pasta, la salsa descongelada de verduras guisadas con alubias rojas, 1 bolsita de parmesano rallado y ¼ del perifollo restante
Hierve la pasta siguiendo las indicaciones del paquete. Calienta la salsa a fuego suave, removiendo de vez en cuando, durante 15 minutos. Sírvela con la pasta, espolvoreada con parmesano rallado y perifollo picado.

Viernes

Entrante
Ensalada de canónigos dulce y salada

Plato principal
Puré de polenta con gorgonzola

Tiempo de cocción:
5 minutos
Tiempo de preparación:
15 minutos

Ingredientes: el resto de los canónigos, los dados de pepino, el caqui (o la naranja), la mitad del perifollo restante y el resto de la vinagreta; la polenta, los 100 g de gorgonzola, 1 cucharadita de canela molida y el resto del perifollo
Entrante: Corta el caqui en dados (o la naranja en gajos). Pica el perifollo. Mezcla todos los ingredientes de la ensalada.
Plato principal: Pon a hervir 1,5 l de agua con 1 cucharadita de sal gorda. Mientras tanto, corta el queso gorgonzola en daditos. Cuando el agua empiece a borbotear, vierte la polenta, poco a poco, remuévela durante 1 minuto y luego añade los dados de gorgonzola. Alarga la cocción durante 3 minutos más, a fuego muy suave, sin dejar de remover. Sazónalo con 1 cucharadita de canela molida, vuelve a remover y sirve el puré de polenta con gorgonzola en cuencos. Espolvoréalo con perifollo picado.

Estas indicaciones son las ideales si has preparado el menú para cenar en casa. Pero si has cocinado para comer al día siguiente en el trabajo, en general bastará con que ultimes la preparación la noche antes y calientes la comida en el microondas de la oficina.

Menú #4

Lista de la compra Menú #4

Verduras / Fruta

* 2 endivias
* 1 ramita de apio
* 6 puerros
* 8 zanahorias
* 4 patatas rojas
* 1 kg de boniato
* 200 g de champiñones
* 300 g de espinacas frescas
* 1 lechuga pequeña
* 1 manojo de perejil
* 1 manzana
* 2 cm de jengibre (o 1 cucharada sopera de jengibre picado congelado) (opcional)
* 8 dientes de ajo
* 2 cebollas amarillas

Frescos

* 100 g de queso *tomme* de oveja
* ½ queso *reblochon*
* 2 masas quebradas
* 4 huevos
* 50 cl de nata fresca densa
* 1 paquete de queso gruyer o *mozzarella* rallado (entre 100 y 150 g)
* 200 g de tofu ahumado

Despensa básica

* aceite de oliva
* aceite de girasol
* vinagre de sidra
* mostaza
* nuez moscada
* 2 hojas de laurel
* sal gorda
* sal y pimienta

Varios

* 50 cl de leche semidesnatada
* 70 g de trigo sarraceno (o de quinoa roja)
* 200 g de pasta *crozet* (pasta cuadrada de trigo sarraceno) o similar
* 300 g de espaguetis (integrales, idealmente)
* 700 g de judías blancas hervidas
* 1 tarro pequeño de salsa de tomate
* 40 g de nueces
* 15 g de semillas de girasol (opcional)

Lunes

Empanada de puerros
y tofu ahumado

Martes

Entrante
Ensalada de trigo
sarraceno*
con endivias, manzana
y apio

Plato principal
Puré de boniato
gratinado

———

*Si no te gusta el trigo sarraceno,
puedes sustituirlo por quinoa roja.

Miércoles

Croziflette con puerros

Jueves

Judías blancas*
con verduras y salsa
de tomate

———

*Si no te gustan las judías blancas,
puedes sustituirlas por tallarines.

Viernes

Entrante
Crema de zanahoria

Plato principal
Espaguetis con salsa
de espinacas, nata
y tofu ahumado

Antes de empezar

1) Si tienes suficiente espacio, saca todos los ingredientes que vas a utilizar en la sesión de cocina, menos la manzana, las endivias, los espaguetis, las judías blancas, las nueces y las semillas de girasol. Así lo tendrás todo a mano y no perderás tiempo buscando los ingredientes en los armarios y la nevera.

2) Saca también todos los utensilios necesarios:
   * 1 sartén grande
   * 1 cazuela
   * 1 olla grande
   * 1 olla mediana
   * 1 robot de cocina (o 1 batidora de mano)
   * 1 cuenco grande
   * 2 bandejas para gratinar (para el puré de boniato gratinado y la *croziflette*)
   * 1 molde de empanada
   * 1 prensador de ajos
   * 1 escurridor de ensalada
   * 1 trapo limpio
   * 5 fiambreras: 1 muy grande (para la lechuga), 1 grande (para el perejil), 3 pequeñas (para la vinagreta, el apio y el trigo sarraceno)
   * 1 botella de 1 l (para congelar la crema de zanahoria)
   * papel de cocina y papel film

¡A cocinar durante 2 horas!

1 <u>Lava el perejil y la lechuga</u>. Sumerge el manojo de perejil en abundante agua fría. Déjalo en remojo durante algunos minutos y, a continuación, sécalo bien con un trapo limpio. Guárdalo en una fiambrera hermética entre dos hojas de papel de cocina. Así, podrás conservar el perejil en la nevera durante 1 semana. Separa las hojas de la lechuga y lávala bien. Escúrrela igual que el perejil o con un escurridor de ensalada. Guarda la lechuga en una fiambrera hermética entre dos hojas de papel de cocina. Así, podrás conservarla en la nevera durante 1 semana.

2 <u>El tofu ahumado</u>. En una sartén grande, calienta 2 cucharadas soperas de aceite de girasol. Mientras tanto, corta el tofu en daditos y añádelos

a la sartén. Sofríelos durante 10 minutos, removiendo a menudo. Resérvalos en un cuenco.

3 Prepara los puerros. Lava los 6 puerros y córtalos en juliana. Resérvalos en otro cuenco.

4 Hierve los *crozets*. Pon a hervir una olla mediana de agua con sal y cuece los *crozets* siguiendo las indicaciones del paquete.

5 Cuece los puerros (para la empanada y la *croziflette*. En la sartén en la que has sofreído el tofu, sin necesidad de lavarla, añade 1 cucharada sopera de aceite de girasol y ¾ de los puerros en juliana. Pela 2 dientes de ajo y cháfalos con un prensador de ajos. Añade un vasito de agua, sal y cuécelo, sin poner la tapa, durante 15 minutos.

6 La mezcla para ligar la empanada de puerros y tofu ahumado. En un cuenco grande, casca 3 huevos enteros y añade la clara del cuarto huevo (guarda la yema en un cuenco para dorar la masa). Vierte 1 cucharada sopera de nata fresca, 20 cl de leche semidesnatada y un poco de sal y de pimienta, y bátelo bien con una varilla.

7 Cuece los boniatos. Pon a hervir una olla grande de agua con sal. Pela los boniatos y trocéalos. Cuécelos hasta que estén tiernos (durante unos 20 minutos).

8 Cuece el trigo sarraceno (o la quinoa roja). Pon a hervir una olla mediana de agua con sal y cuece el trigo sarraceno (o la quinoa roja) siguiendo las indicaciones del paquete.

Preparación Menú #4

9 La *croziflette*. Vierte los *crozets* escurridos en una bandeja para gratinar. Añade 1 cucharada sopera de nata fresca y ⅓ de los puerros cocidos. Mézclalo bien. Corta el queso *reblochon* en cuatro trozos y repártelos por encima. Hornéalo durante 20 minutos en la parte de arriba del horno.

10 Monta la empanada de puerros y tofu ahumado. Engrasa el molde redondo de pastel y dispón una de las dos masas quebradas en el molde, apretando bien los bordes y en el fondo. Añade el resto de los puerros cocidos y ⅔ del tofu ahumado. A continuación, vierte la mezcla para ligar la empanada. Corta la segunda masa quebrada del tamaño del diámetro del molde y tápalo. Aprieta los bordes de las dos masas quebradas para juntarlas y embadurna la de encima con la yema del huevo que habías separado. Hornea la empanada durante 1 hora en la parte de abajo del horno.

11 El puré de boniato gratinado. Escurre los boniatos y ponlos en el vaso del robot de cocina. Añade 1 cucharada sopera de nata fresca y el resto de la leche semidesnatada. Tritúralo bien y vuélcalo en una bandeja para gratinar. Recúbrelo con queso rallado y gratínalo durante 20 minutos en la parte de arriba del horno.

12 La crema de zanahoria. Vuelve a llenar la olla grande, sin necesidad de lavarla, con 1 l de agua con un poco de sal. Ponla a hervir. Mientras tanto, pela 6 zanahorias y el jengibre (opcional). Corta las zanahorias en rodajas y échalas en la olla. Hiérvelo durante 10 minutos, añade el resto de los puerros en juliana y alarga la cocción durante 15 minutos más. Tritúralo en el mismo vaso del robot de cocina que has utilizado para el puré de boniato (no hace falta que lo laves).

5 minutos con 1 pellizco de sal. Añade el resto del tofu ahumado y de la nata fresca y 1 vaso de agua. Deja que se reduzca durante 5 minutos a fuego vivo. A continuación, agrega las espinacas frescas y 1 buen pellizco de nuez moscada y de pimienta. Cuécelo durante 5 minutos más. Guárdalo en una fiambrera que pueda ponerse en el congelador.

15 El apio. Lava el apio y córtalo en rodajas muy finas. Guárdalo en una fiambrera pequeña.

16 La vinagreta. En una pequeña fiambrera hermética, mezcla 1 cucharada sopera de mostaza, 1 cucharadita de sal, 1 pellizco de pimienta y 4 cucharadas soperas de vinagre de sidra. Añade, poco a poco, 8 cucharadas soperas de aceite de oliva y 3 cucharadas soperas de agua.

13 Las verduras con salsa de tomate. Pela las 4 patatas, las 2 zanahorias restantes y 2 dientes de ajo. Corta las patatas en daditos y las zanahorias en rodajas. En una cazuela, pon la patata, la zanahoria y los dientes de ajo enteros. Recúbrelo con agua, añade 1 cucharada sopera de sal gorda, el tarro de salsa de tomate y 2 hojas de laurel. Cuécelo durante 5 minutos con la tapa puesta. Mientras tanto, quita el pie de los champiñones y córtalos en láminas. Échalos encima de las verduras, sin mezclarlo, y cuécelo durante 20 minutos más.

14 La salsa de espinacas, nata y tofu ahumado. En la sartén en la que has cocido los puerros, sin necesidad de lavarla, calienta 2 cucharadas soperas de aceite de oliva a fuego suave. Pela y pica las 2 cebollas y los 4 dientes de ajo restantes. Agrégalos a la sartén y póchalos durante

¡Todo listo! Deja que se enfríe.

Guarda en la nevera
* la empanada de puerros y tofu ahumado (se conserva durante 2 días);
* el apio en rodajas (se conserva durante 5 días);
* el trigo sarraceno (o la quinoa roja) hervido (se conserva durante 4 días);
* el puré de boniato gratinado (se conserva durante 3 días);
* la *croziflette* con puerros (se conserva durante 4 días);
* las verduras con salsa de tomate (se conservan durante 4 días);
* el perejil lavado (se conserva durante 1 semana);
* la lechuga lavada (se conserva durante 1 semana);
* la vinagreta (se conserva durante 1 semana).

Guarda en el congelador
* la crema de zanahoria;
* la salsa de espinacas, nata y tofu ahumado.

243

Lunes

Empanada de puerros y tofu ahumado

Tiempo de recalentamiento:
10 minutos

Ingredientes: la empanada de puerros y tofu ahumado, la mitad de la lechuga y ⅓ de la vinagreta
Precalienta el horno a 180 °C (t. 6) y calienta la empanada durante 10 minutos. Sírvela acompañada de la lechuga aderezada con la vinagreta.

Tiempo de preparación:
10 minutos
Tiempo de recalentamiento:
10 minutos

Ingredientes: el trigo sarraceno (o la quinoa roja) hervido, el apio en rodajas, 2 endivias, 1 manzana, 100 g de queso *tomme* de oveja, 4 ramitas de perejil, 40 g de nueces y la mitad de la vinagreta restante; el puré de boniato gratinado
Entrante: Corta las endivias en rodajas muy finas. Corta la manzana en bastoncitos. Corta el queso *tomme* de oveja en daditos. Pica el perejil. Mezcla bien todos los ingredientes de la ensalada.
Plato principal: Precalienta el horno a 180 °C (t. 6) y calienta el puré de boniato gratinado durante 10 minutos.

Martes

**Entrante
Ensalada de trigo sarraceno con endivias, manzana y apio**

**Plato principal
Puré de boniato gratinado**

Miércoles

***Croziflette* con puerros**

Tiempo de recalentamiento:
10 minutos

Ingredientes: la *croziflette* con puerros, el resto de la lechuga y de la vinagreta
Precalienta el horno a 180 °C (t. 6) y calienta la *croziflette* con puerros durante 10 minutos. Sírvela acompañada de la lechuga aderezada con la vinagreta.

5 minutos con 1 pellizco de sal. Añade el resto del tofu ahumado y de la nata fresca y 1 vaso de agua. Deja que se reduzca durante 5 minutos a fuego vivo. A continuación, agrega las espinacas frescas y 1 buen pellizco de nuez moscada y de pimienta. Cuécelo durante 5 minutos más. Guárdalo en una fiambrera que pueda ponerse en el congelador.

15 El apio. Lava el apio y córtalo en rodajas muy finas. Guárdalo en una fiambrera pequeña.

16 La vinagreta. En una pequeña fiambrera hermética, mezcla 1 cucharada sopera de mostaza, 1 cucharadita de sal, 1 pellizco de pimienta y 4 cucharadas soperas de vinagre de sidra. Añade, poco a poco, 8 cucharadas soperas de aceite de oliva y 3 cucharadas soperas de agua.

13 Las verduras con salsa de tomate. Pela las 4 patatas, las 2 zanahorias restantes y 2 dientes de ajo. Corta las patatas en daditos y las zanahorias en rodajas. En una cazuela, pon la patata, la zanahoria y los dientes de ajo enteros. Recúbrelo con agua, añade 1 cucharada sopera de sal gorda, el tarro de salsa de tomate y 2 hojas de laurel. Cuécelo durante 5 minutos con la tapa puesta. Mientras tanto, quita el pie de los champiñones y córtalos en láminas. Échalos encima de las verduras, sin mezclarlo, y cuécelo durante 20 minutos más.

14 La salsa de espinacas, nata y tofu ahumado. En la sartén en la que has cocido los puerros, sin necesidad de lavarla, calienta 2 cucharadas soperas de aceite de oliva a fuego suave. Pela y pica las 2 cebollas y los 4 dientes de ajo restantes. Agrégalos a la sartén y póchalos durante

¡Todo listo! Deja que se enfríe.

Guarda en la nevera
- la empanada de puerros y tofu ahumado (se conserva durante 2 días);
- el apio en rodajas (se conserva durante 5 días);
- el trigo sarraceno (o la quinoa roja) hervido (se conserva durante 4 días);
- el puré de boniato gratinado (se conserva durante 3 días);
- la *croziflette* con puerros (se conserva durante 4 días);
- las verduras con salsa de tomate (se conservan durante 4 días);
- el perejil lavado (se conserva durante 1 semana);
- la lechuga lavada (se conserva durante 1 semana);
- la vinagreta (se conserva durante 1 semana).

Guarda en el congelador
- la crema de zanahoria;
- la salsa de espinacas, nata y tofu ahumado.

Jueves

Judías blancas con verduras y salsa de tomate

Tiempo de recalentamiento:
15 minutos

Ingredientes: 700 g de judías blancas en conserva (o tallarines), las verduras con salsa de tomate y ¾ del perejil

Vierte las judías blancas en la cazuela de las verduras con salsa de tomate y caliéntalo a fuego suave durante 15 minutos. Pica el perejil y espolvorea el plato antes de servirlo.

Para el viernes, saca del congelador la crema de zanahoria y la salsa de espinacas, nata y tofu ahumado y déjalo en la nevera.

Tiempo de preparación:
5 minutos
Tiempo de recalentamiento y de cocción:
15 minutos

Viernes

Entrante
Crema de zanahoria

Plato principal
Espaguetis con salsa de espinacas, nata y tofu ahumado

Ingredientes: la crema de zanahoria descongelada y 15 g de semillas de girasol; 300 g de espaguetis (integrales), la salsa descongelada de espinacas, nata y tofu ahumado y el resto del perejil

Entrante: En una olla, calienta la crema de zanahoria a fuego suave durante 15 minutos. Espolvoréala con semillas de girasol antes de servirla.

Plato principal: Hierve los espaguetis siguiendo las indicaciones del paquete. En otra olla, calienta la salsa de espinacas, nata y tofu ahumado. Mézclala con la pasta escurrida. Espolvoréalo con perejil picado.

Estas indicaciones son las ideales si has preparado el menú para cenar en casa. Pero si has cocinado para comer al día siguiente en el trabajo, en general bastará con que ultimes la preparación la noche antes y calientes la comida en el microondas de la oficina.

Menús de primavera

Menú #1 de primavera

Lunes
Ensalada templada de patata con huevo duro y habas

Martes
Quiche de queso de cabra y brócoli

Miércoles
Entrante: Ensalada de guisantes con rábanos, pepino y aguacate
Plato principal: Pasta de lentejas rojas con puerros y tofu ahumado

Jueves
Arroz a la pakistaní con guisantes y anacardos

Viernes
Entrante: Crema de hojas de rábano
Plato principal: Pastel de patata con olivada y queso fresco de cabra

Menú #2 de primavera

Lunes
Entrante: Ensalada de hinojo marinado, lechuga y aguacate
Plato principal: Pasta con espárragos verdes y salsa gorgonzola

Martes
Falafel con pan de *pita*, lechuga y *crudités*

Miércoles
Ensalada de arroz con garbanzos, alcachofas y maíz

Jueves
Pizza primavera

Viernes
Entrante: Humus de alubias rojas
Plato principal: Crema de polenta con coliflor y champiñones

Menú #3 de primavera

Lunes

Entrante: **Espárragos blancos, fresas y *burrata* con albahaca**
Plato principal: **Tajín de alcachofas y guisantes**

Martes

Quiche de espinacas con queso de cabra

Miércoles

Entrante: **Zanahoria rallada con queso *mimolette* y pipas de calabaza**
Plato principal: **Sopa minestrone de arroz con calabacín**

Jueves

Ensalada templada de quinoa con guisantes y huevos pasados por agua

Viernes

Pastel de calabacín, queso de cabra y olivada

Menú #4 de primavera

Lunes

Curri de primavera

Martes

Lasaña de queso de cabra con pesto de pistachos

Miércoles

Risotto **de espelta con espárragos y champiñones**

Jueves

Entrante: **Ensalada de lentejas, zanahoria rallada, pepino y tomates *cherry***
Plato principal: **Calabacín gratinado**

Viernes

Entrante: **Sopa de primavera con ravioli**
Plato principal: **Tortitas de calabacín rallado**

Menús de verano

Menú #1 de verano

Lunes
Pasta con pesto de calabacín crudo

Martes
Pisto de berenjena y tomate con patatas al vapor

Miércoles
Calabacín salteado con ajo, arroz blanco y huevos pasados por agua

Jueves
Entrante: Bruschetta con *caponata*
Plato principal: Patatas salteadas con ajo y tofu ahumado

Viernes
Entrante: Crema de calabacín y brócoli con queso de cabra
Plato principal: Tortitas de lentejas rojas

Menú #2 de verano

Lunes
Entrante: Rollitos de primavera
Plato principal: Ensalada de quinoa con nectarina, aguacate y brotes de espinaca

Martes
Tajín de pimiento verde y tomate con huevo

Miércoles
Albóndigas de lentejas y espaguetis de calabacín

Jueves
Entrante: Ensalada *thai*
Plato principal: Tortas de trigo sarraceno con tomate, queso *comté* y huevo

Viernes
Ensalada de lentejas con queso *tomme* de oveja y *crudités*

Menú #3 de verano

Lunes

Entrante: Tabulé de mijo con perejil
Plato principal: Tarta de berenjena
y tomate

Martes

Entrante: Ensalada de tomate amarillo,
sandía y *feta*
Plato principal: *Linguine* con judías
verdes

Miércoles

Paella vegetariana

Jueves

Hamburguesas de garbanzos
y calabacín asado

Viernes

Dhal de berenjenas

Menú #4 de verano

Lunes

Arroz con tomate y huevo duro

Martes

Entrante: Gazpacho amarillo
Plato principal: Sándwich caliente
de tomate, *mozzarella* y aguacate

Miércoles

Tomates rellenos de arroz y *feta*

Jueves

Ensalada de garbanzos y calabacín
asado

Viernes

Entrante: Tomate y *mozzarella*
a mi manera
Plato principal: Pizza de *ricotta*
y pimientos asados

Menús de otoño

Menú #1 de otoño

Lunes
Entrante: Crema de lentejas rojas con curri
Plato principal: Frittata de calabaza *potimarron* y calabacín

Martes
Calabacín confitado y *bulgur* con almendras

Miércoles
Curri rojo de garbanzos con pimiento y brócoli

Jueves
Entrante: Sopa de tres calabazas
Plato principal: Polenta crujiente con brócoli

Viernes
Lasaña de calabaza cacahuete y espinacas

Menú #2 de otoño

Lunes
Entrante: Crema de boniato y pimiento
Plato principal: Canelones de berenjena gratinados

Martes
Boniatos rellenos de queso con ajo y finas hierbas sobre un lecho de puerros salteados

Miércoles
Parmigiana de berenjenas con lentejas

Jueves
Entrante: Humus de pimientos asados
Plato principal: Risotto de *risoni* con champiñones

Viernes
Pizza de champiñones, tomate, queso y aceitunas

Menú #3 de otoño

Lunes

Hamburguesa de champiñones con boniatos fritos

Martes

Entrante: **Humus de lentejas rojas**
Plato principal: **Sopa de berros, puerro y patata**

Miércoles

Entrante: **Ensalada de garbanzos, aguacate y *feta***
Plato principal: ***Nuggets* de verduras con boniatos fritos y ensalada**

Jueves

***Tarka dhal* (lentejas rojas a la manera india)**

Viernes

Tazón de Buda de otoño

Menú #4 de otoño

Lunes

Entrante: **Ensalada de endivias con naranja, cebollino y nueces**
Plato principal: **Puré de patata gratinado con queso *cheddar***

Martes

Calabaza *potimarron* rellena

Miércoles

Coliflor y patatas gratinadas

Jueves

Entrante: **Ensalada de col**
Plato principal: **Judías blancas con brócoli al limón***

Viernes

Ensalada de canónigos y tostadas con queso de cabra caliente

*Si no te gustan las judías blancas, puedes sustituirlas por tallarines.

Menús de invierno

Menú #1 de invierno

Lunes
Entrante: Crema de calabaza *potimarron*, castañas y apio nabo
Plato principal: Guiso de garbanzos con puerro y coliflor

Martes
Gratinado de macarrones con calabaza *potimarron*

Miércoles
Cuscús con verduras de invierno

Jueves
Entrante: Ensalada de remolacha, queso de cabra, albaricoques secos y pistachos
Plato principal: Curri indio con coliflor

Viernes
Judías blancas con crema de calabaza *potimarron* y una tostada con guacamole

Menú #2 de invierno

Lunes
Gratinado delfinés y ensalada mézclum con pomelo y aguacate

Martes
Entrante: Ensalada de arroz negro, mango y aguacate
Plato principal: *Crumble* de espinacas, *feta* y piñones

Miércoles
Wok de fideos chinos con tofu marinado

Jueves
Entrante: Ensalada tibia de brócoli con huevos pasados por agua
Plato principal: Arroz negro con calabaza *potimarron* asada

Viernes
Crema de calabaza *potimarron* y puerro con cebada

Menú #3 de invierno

Lunes

Quiche de champiñones y espinacas

Martes

Pastel de verduras y alubias rojas
con puré de patatas

Miércoles

Entrante: Crema de verduras verdes
Plato principal: Ensalada de lentejas
con huevos duros y cilantro

Jueves

Espirales con salsa de verduras
guisadas

Viernes

Entrante: Ensalada de canónigos dulce
y salada
Plato principal: Puré de polenta
con gorgonzola

Menú #4 de invierno

Lunes

Empanada de puerros y tofu ahumado

Martes

Entrante: Ensalada de trigo sarraceno*
con endivias, manzana y apio
Plato principal: Puré de boniato
gratinado

Miércoles

Croziflette con puerros

Jueves

Judías blancas** con verduras y salsa
de tomate

Viernes

Entrante: Crema de zanahoria
Plato principal: Espaguetis con salsa de
espinacas, nata y tofu ahumado

*Si no te gusta el trigo sarraceno, puedes sustituirlo por
quinoa roja.
**Si no te gustan las judías blancas, puedes sustituirlas por
tallarines.

Agradecimientos

Gracias a Anne Vallet y a Céline Le Lamer, mis editoras, por haber confiado plenamente en mí durante la redacción del libro.

Gracias a Charly Deslandes, el fotógrafo, por sus fotos perfectas, su buen humor y su increíble eficacia.

Gracias a todos aquellos que me han ayudado de cerca o de lejos en la elaboración del libro: mi madre, mi compañero, mi hijo y mis *followers* adeptos de mis dos libros anteriores sobre *batch cooking*, especialmente Sarah Noël ;-)

Y gracias a todos los amigos que han probado las recetas del libro: Caroline L., Wanda, Caroline S., Julien, Gabrielle, Céleste, Sakho, J.B., Delys e Issa.

CAROLINE PESSIN

Vajillas y utensilios: Habitat, Merci, Monoprix, Jars Céramistes, Serax, Absolument Maison, Zara Home, Cutipol, Greenpan, Le Creuset y Lagostina.

Fiambreras: Ikea.

No dudéis en compartir las fotos de vuestros menús en Instagram utilizando el hashtag #CocinaEn2hParaTodaLaSemana

Título original: *En 2h je cuisine veggie pour toute la semaine*

© Hachette-Livre (Hachette Pratique), 2019

© de la traducción del francés, Palmira Feixas, 2020

© Editorial Planeta, S. A., 2024
Av. Diagonal, 662-664, 08034 Barcelona
www.planetadelibros.com

Dirección: Catherine Saunier-Talec
Responsable editorial: Céline Le Lamer
Responsable del proyecto: Anne Vallet
Responsable artístico: Nicolas Beaujouan
Estilismo: Véronique Tanneur

Primera edición: enero de 2020
Primera edición en esta presentación: enero de 2024
Depósito legal: B. 10.631-2023
ISBN: 978-84-08-26944-1
Preimpresión: Safekat, S. L

Certificado PEFC
Este libro procede de bosques gestionados de forma sostenible y fuentes controladas
PEFC/14-38-00305   www.pefc.es

El papel utilizado para la impresión de este libro está calificado como **papel ecológico** y procede de bosques gestionados de manera **sostenible.**